Prefeitura da Cidade do Rio de Janeiro, Secretaria Municipal de Cultura
e Secretaria Municipal de Cultura de São Paulo apresentam:

OLÍMPICOS

GUSTAVO
MALHEIROS

arte ensaio

PROMAC
São Paulo capital da cultura
CIDADE DE SÃO PAULO CULTURA

Patrocínio:

RIO CAPITAL DO G20 BRASIL 2024
Rio PREFEITURA
CULTURA

Para Jadir Malheiros e
Sergio Monteiro de Carvalho

MAIS PERTO DO CORAÇÃO

Com o objetivo de captar o espírito dos atletas olímpicos brasileiros diante das Olimpíadas de Paris 2024, embarquei com minha equipe em uma jornada incrível pelo Brasil. Este livro é minha terceira homenagem à dedicação desses atletas, seguindo os ensaios feitos para os Jogos Olímpicos do Rio 2016 e de Tóquio 2020.

Pegamos a estrada e nos aventuramos pelo país, documentando a vida de atletas de várias modalidades. Nossa missão era registrar, além da habilidade física, o compromisso e a paixão que os movem. E testemunhamos sua busca pela excelência e seu sonho de ganhar uma medalha olímpica, um sonho que vem do coração.

As Olimpíadas de Paris 2024 serão históricas para o Brasil, representado por mais atletas femininas do que nunca. Refletindo isso, nosso livro destaca essas mulheres incríveis, enfatizando sua graça, sua força e determinação. As histórias aqui relatadas, bem como as imagens que as acompanham, celebram o espírito das atletas brasileiras prestes a alcançar a grandeza no cenário mundial.

Este livro apresenta os atletas em sua forma mais autêntica. Cada imagem é uma janela para o seu mundo, revelando não apenas o próprio atleta, mas a pessoa por trás da dedicação e dos sonhos. Espero transmitir a beleza de sua caminhada, a intensidade de seu compromisso e o senso de propósito que os leva a Paris 2024.

CLOSER TO THE HEART

In the pursuit of capturing the spirit of Brazilian Olympic athletes for the 2024 Summer Olympic Games to be held in Paris, my team and I embarked on an incredible journey across Brazil. This book is my third tribute to the dedication of these athletes, following previous essays for Rio 2016 and Tokyo 2020.

We hit the road and ventured throughout Brazil, documenting the lives of athletes from different sports. Our mission was to capture not only their physical abilities but also the commitment and passion that drive them. This book bears witness to their quest for excellence and the dream of an Olympic medal, a dream that comes from the heart.

The 2024 Summer Olympics in Paris will be historic for Brazil, with more female athletes than ever before. Reflecting this, our book highlights these incredible women, capturing their grace, strength, and determination. The stories and images here celebrate the spirit of Brazilian female athletes, who are on the verge of achieving greatness on the world stage.

This book presents the athletes in their most authentic form. Each image is a window into their world, revealing not just the athlete but the person behind the dedication and dreams. I hope to convey the beauty of their journey, the intensity of their commitment, and the sense of purpose that drives them toward Paris 2024.

PLUS PRÈS DU COEUR

Dans la quête de capturer l'esprit des athlètes olympiques brésiliens pour les Jeux Olympiques de Paris 2024, mon équipe et moi avons entrepris un incroyable voyage à travers le Brésil. Ce livre est mon troisième hommage à la dévouement de ces athlètes, après les essais précédents pour les Jeux Olympiques de Rio 2016 et de Tokyo 2020.

Nous avons pris la route et avons voyagé à travers le Brésil, documentant la vie des athlètes de diverses disciplines. Notre mission était de capturer non seulement leurs capacités physiques, mais aussi l'engagement et la passion qui les animent. Ce livre témoigne de leur quête de l'excellence et du rêve d'une médaille olympique, un rêve qui vient du coeur.

Les Jeux Olympiques de Paris 2024 seront historiques pour le Brésil, avec plus d'athlètes féminines que jamais. Reflétant cela, notre livre met en avant ces femmes incroyables, capturant leur grâce, leur force et leur détermination. Les histoires et les images ici célèbrent l'esprit des athlètes brésiliennes, qui sont sur le point d'atteindre la grandeur sur la scène mondiale.

Ce livre présente les athlètes dans leur forme la plus authentique. Chaque image est une fenêtre sur leur monde, révélant non seulement l'athlète mais aussi la personne derrière la dévotion et les rêves. J'espère transmettre la beauté de leur parcours, l'intensité de leur engagement et le sens du but qui les pousse vers Paris 2024.

Gustavo Malheiros

TEXTOS ATLETAS

DANIEL BORTOLETTO

ÍNDICE

OLÍM

GUSTAVO
MALHEIROS

PICOS

GOVERNO FEDERAL
UNIÃO E RECONSTRUÇÃO
loterias
CAIXA

BÁRBARA DOMINGOS
GIOVANNA SILVA
EDUARDA ARAKAKI
NICOLE PÍRCIO
SOFIA PEREIRA
VICTÓRIA BORGES

RHYTHMIC GYMNASTICS
GYMNASTIQUE RYTHMIQUE

GINÁSTICA RÍTMICA

2023 nunca mais será esquecido pela ginástica rítmica brasileira. O ano com maior quantidade de conquistas inéditas e históricas na modalidade transformou o país em um dos melhores do mundo. A lista de bons resultados inclui a primeira medalha de ouro em uma etapa de Copa do Mundo, a melhor participação na mesma Copa, com três medalhas conquistadas em um dos torneios, a melhor posição em um Campeonato Mundial, o título sul-americano e 100% de aproveitamento nos Jogos Pan-Americanos.

Tal cenário fez a Seleção Brasileira ganhar respeito internacional, entrar numa lista de candidatas ao pódio nas Olimpíadas de Paris e provar, a si mesma, ser capaz de alçar voos cada vez mais altos em uma das poucas modalidades praticadas apenas por mulheres. Mérito de Bárbara Domingos, Giovana Silva, Maria Eduarda Arakaki, Nicole Pírcio, Sofia Madeira, Victória Borges, entre outras. E de Camila Ferezin, ex-atleta e atual treinadora, alguém que viu de perto a ginástica rítmica do Brasil superar percalços, em várias décadas, e agora decolar de vez.

A treinadora acompanhou uma transformação importante ao longo da pandemia de covid-19. Sua seleção de ginástica rítmica passou a conviver com a equipe de ginástica artística, que havia dado um salto de qualidade no ciclo olímpico anterior, tendo Rebeca Andrade como expoente. Camila se sentiu estimulada e fez seu jovem grupo incorporar a ideia para repetir o sucesso da "outra ginástica".

Some-se a isso intercâmbio internacional e boa estrutura para treinos e você terá uma receita quase completa de sucesso. Só não é 100% completa porque falta uma medalha de Paris. Mas confiança para mais um feito inédito não falta na equipe e na comissão técnica.

2023 will never be forgotten in Brazilian rhythmic gymnastics. The year with the greatest number of unprecedented and historic achievements positioned the country as one of the best in the world. The list of good results includes the first gold medal in a World Cup stage, the best participation in the same Cup with three medals won in one of the tournaments, the best position in a World Championship, the South American title, and a 100% success rate at the Pan American Games.

This scenario earned the Brazilian National Team international respect, placing them on the list of podium contenders for the Paris Olympics and proving to themselves that they are capable of reaching ever higher in one of the few sports practiced only by women. Credit goes to Bárbara Domingos, Giovana Silva, Maria Eduarda Arakaki, Nicole Pírcio, Sofia Madeira, Victória Borges, among others. And to Camila Ferezin, a former athlete and current coach, who has witnessed and experienced the evolution of Brazilian rhythmic gymnastics over several decades, overcoming obstacles and now truly taking off.

The coach saw an important transformation during the COVID-19 pandemic. Her rhythmic gymnastics team started to interact with the artistic gymnastics team, which had made significant strides in the previous Olympic cycle, with Rebeca Andrade as a standout. Ferezin began to believe and made her young group buy into the idea of replicating the success of "the other gymnastics."

Add to this international exchange programs, good training facilities, and you have an almost complete recipe for success. To make it 100% complete, a medal from Paris is missing. The confidence for yet another unprecedented achievement overflows from the team and the technical staff.

2023 ne sera jamais oublié par la gymnastique rythmique brésilienne. Cette année-là a vu le plus grand nombre de victoires inédites et historiques, plaçant le pays parmi les meilleurs au monde. La liste des réussites inclut la première médaille d'or en Coupe du Monde, la meilleure participation à cette Coupe avec trois médailles dans un même tournoi, la meilleure position aux Championnats du Monde, le titre sud-américain et un taux de réussite de 100% aux Jeux Panaméricains.

Ce scénario a permis à l'équipe nationale brésilienne de gagner le respect international, d'entrer dans la liste des candidates au podium aux Jeux de Paris et de prouver qu'elles peuvent atteindre des sommets encore plus élevés dans une des rares disciplines pratiquées uniquement par des femmes. Le mérite revient à Bárbara Domingos, Giovana Silva, Maria Eduarda Arakaki, Nicole Pírcio, Sofia Madeira, Victória Borges, entre autres, et à Camila Ferezin, ancienne athlète et actuelle entraîneuse, qui a vu et vécu l'évolution de la gymnastique rythmique brésilienne pendant plusieurs décennies et qui voit maintenant cette discipline décoller.

Pendant la pandémie de covid, l'entraîneuse a vu une transformation importante. Son équipe de gymnastique rythmique a commencé à s'entraîner avec l'équipe de gymnastique artistique, qui avait connu un bond de qualité lors de la période olympique précédente, avec Rebeca Andrade comme figure de proue. Ferezin a commencé à croire en cette synergie et a fait adopter cette idée par son jeune groupe pour reproduire le succès de "l'autre gymnastique".

Ajoutez à cela des échanges internationaux et une bonne infrastructure d'entraînement, et vous avez une recette presque complète de succès. Pour qu'elle soit totalement complète, il manque une médaille à Paris. Et la confiance pour réaliser cet exploit inédit déborde de l'équipe et du staff technique.

BANHEIROS

μερακι

BRASIL
BRASIL

loterias CAIXA

WORLD
TAEKWONDO

MARIA CLARA PACHECO

Matthias Steiner entrou para a história olímpica em Pequim 2008. A medalha de ouro no levantamento de peso, com a melhor marca da sua vida, foi conquistada um ano após a esposa falecer em um acidente de carro. Ele quase havia desistido de tudo, mas, por ela, voltou a treinar e competir. Foi ao pódio, aos prantos, com uma foto da amada. E esse emocionante exemplo de resiliência sempre foi um exemplo para Maria Clara Pacheco, destaque brasileiro do taekwondo.

– A história dele me inspira porque me lembra do quanto minha família foi e é importante em toda essa minha caminhada, e o quanto essa rede de apoio das pessoas que amamos pode nos deixar mais fortes – atesta.

Maria Clara começou a praticar atividades esportivas com 5 anos de idade. Nascida na Baixada Santista, no litoral de São Paulo, fez capoeira, jazz e balé. Aos 11, buscava a arte marcial. Conheceu o taekwondo, experimentou e nunca mais largou. O desenvolvimento foi meteórico e dois anos depois de iniciar na modalidade já disputava e ganhava competições de nível nacional. Era o que faltava para entrar na Seleção Brasileira. Entrou e, de cara, ganhou medalha de bronze em um Mundial para jovens.

– Desde então continuo vivendo o taekwondo todos os dias.

Essa dedicação fez Maria Clara seguir conquistando resultados precoces, como o bronze na categoria até 57 quilos no Mundial adulto de 2023, aos 19 anos, e o carimbo no passaporte para Paris, meses depois.

– Acredito que os Jogos Olímpicos representam, no geral, o auge do esporte. O auge do profissionalismo, da dedicação, dos sacrifícios e das escolhas feitas em nome de um sonho. Viver isso é um indicador de que estamos no caminho certo.

E o caminho trilhado por Maria Clara em 2024 visa um lugar no pódio, assim como fez o inspirador Matthias Steiner.

Matthias Steiner made Olympic history in Beijing 2008. He won a gold medal in weightlifting, achieving the best mark of his life, a year after his wife passed away in a car accident. He wanted to give up on everything but returned to training and competing for her. He stood on the podium, in tears, holding a photo of his beloved. This moving example of resilience inspires Maria Clara Pacheco, a Brazilian standout in taekwondo.

- His story inspires me because it reminds me of how important my family has been and continues to be in my journey, and how this support network of loved ones can make us stronger - says Maria Clara.

She started practicing sports at the age of 5. She did capoeira, jazz, and ballet. At 11, she was looking for a martial art. She discovered taekwondo, tried it, and never looked back. Her development was meteoric, and two years after starting the sport, she was already competing and winning national-level competitions. This was the step needed to join the Brazilian National Team. She immediately won a bronze medal at a World Youth Championship.

- Since then, I continue living taekwondo every day.

This dedication led Maria Clara to achieve early success, such as a bronze medal in the up to 57kg category at the World Championships at 19 years old in 2023, and qualifying for Paris a few months later.

- I believe the Olympic Games represent, in general, the pinnacle of sport. The pinnacle of professionalism, dedication, sacrifices, and choices made in the name of a dream. Experiencing this is a dream and an indicator that we are on the right path.

And the path she is following in 2024 aims for a place on the podium, just like her inspiring role model, Matthias Steiner.

Matthias Steiner est entré dans l'histoire olympique à Pékin en 2008. Sa médaille d'or en haltérophilie, avec son meilleur score, a été remportée un an après le décès de sa femme dans un accident de voiture. Il a voulu tout abandonner, mais, pour elle, il est retourné s'entraîner et à concourir. Il est monté sur le podium en larmes, avec une photo de son épouse. Cet exemple émouvant de résilience inspire Maria Clara Pacheco, étoile montante du taekwondo brésilien.

- Son histoire m'inspire car elle me rappelle combien ma famille a été et est importante tout au long de mon parcours, et combien ce soutien des êtres chers peut nous rendre plus forts - dit Maria Clara.

Elle a commencé à pratiquer des activités sportives à 5 ans. Elle a fait de la capoeira, du jazz et du ballet. À 11 ans, elle cherchait un art martial. Elle a découvert le taekwondo, l'a essayé et ne l'a jamais quitté. Son développement a été rapide et, deux ans après avoir commencé, elle participait déjà à des compétitions nationales et gagnait. C'était le pas nécessaire pour entrer dans l'équipe nationale brésilienne. Elle a immédiatement remporté une médaille de bronze à un championnat mondial junior.

- Depuis, je vis le taekwondo tous les jours.

Cette dévotion a permis à Maria Clara de continuer à obtenir des résultats précoces, comme la médaille de bronze dans la catégorie des moins de 57 kg aux championnats du monde adultes, à 19 ans, en 2023, et la qualification pour Paris, quelques mois plus tard.

- Je crois que les Jeux Olympiques représentent, en général, le sommet du sport. Le sommet du professionnalisme, de la dévotion, des sacrifices et des choix faits au nom d'un rêve. Vivre cela est un rêve et une indication que nous sommes sur la bonne voie.

Et en 2024, Maria Clara vise une place sur le podium, tout comme son inspirateur Matthias Steiner

GUSTAVO MALHEIROS

SULSPORT

SULSPORT

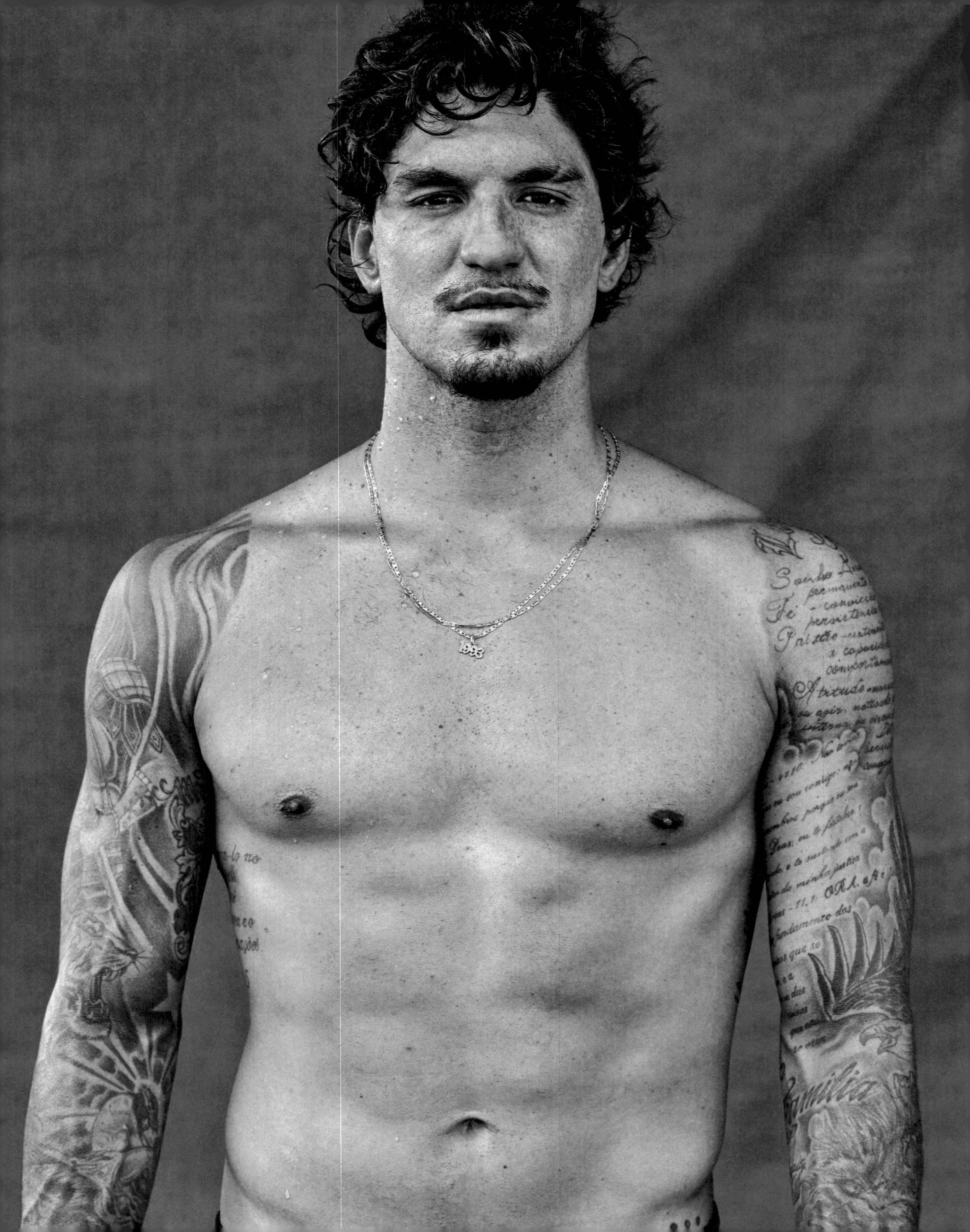

GABRIEL MEDINA

SURFING
SURF

SURFE

A história do surfe mundial será para sempre dividida como AM e DM: antes de Medina e depois de Medina. Nascido em São Sebastião, litoral de São Paulo, dias antes do Natal de 1993, Gabriel revolucionou a modalidade. Muita atitude, carisma e manobras radicais fizeram com que Gabriel Medina mudasse definitivamente o patamar do surfe. O esporte se popularizou, se profissionalizou e virou um rentável negócio para patrocinadores e atletas.

Antes de ser tricampeão mundial em 2014, 2018 e 2021, Gabriel já assombrava os rivais em competições para crianças. Subiu pela primeira vez numa prancha aos 8 anos. Aos 11, conquistava os primeiros títulos nacionais. O garoto da praia de Maresias começou a colecionar vitórias internacionais aos 15. Com 17 anos, iniciou sua trajetória na elite mundial contra os melhores do planeta, vencendo etapas logo na temporada de estreia. Precoce e impressionante!

Liderando a "Tempestade Brasileira" – expressão usada internacionalmente para definir a chegada do Brasil ao topo de uma modalidade dominada, historicamente, por americanos e australianos –, Gabriel ganhou fama, patrocinadores e milhões de fãs nas redes sociais. Mas ele ainda quer algo inédito: a medalha de ouro nas Olimpíadas.

A classificação aconteceu com uma épica participação no ISA Games, em Porto Rico, em março de 2024. Na ocasião, Gabriel venceu todas as baterias disputadas e ainda viu dois franceses, que poderiam ganhar a vaga de vice-campeão, ficarem, respectivamente, em terceiro e quarto lugares. Conhecido por brilhar em Teahupoo, local da competição olímpica no Taiti, Gabriel renasceu e agora põe medo nos rivais.

– Ser medalhista olímpico é minha meta e vou fazer de tudo para conseguir – diz Medina.

Alguém duvida?

The history of world surfing will forever be divided into BM and AM: before Medina and after Medina. Born in São Sebastião, on the coast of São Paulo, just days before Christmas in 1993, Gabriel revolutionized the sport. With a lot of attitude, charisma, and radical maneuvers, Gabriel Medina has permanently changed the level of surfing. The sport has become more popular, professionalized, and turned into a profitable business for sponsors and athletes.

Before becoming a three-time world champion in 2014, 2018, and 2021, Gabriel was already astonishing his rivals in competitions for children. He first got on a board at eight years old. At 11, he was winning his first national titles. The boy from Maresias started collecting international victories at 15. At 17, he began his journey in the world elite against the best on the planet, winning stages in his debut season. Precocious and impressive!

Leading the "Brazilian Storm," a worldwide expression, used to describe Brazil's rise to the top of a sport historically dominated by Americans and Australians, Gabriel Medina gained fame, sponsors, and millions of fans on social media. But he still wants something unprecedented: an Olympic gold medal.

His qualification came with an epic performance at the ISA Games in Puerto Rico in March 2024. He won all the heats he competed in and saw two French surfers, who could have taken the spot with a second-place finish, end up in third and fourth places. He has been reborn and now instills fear in his rivals, as he is known for shining in Teahupoo, the location of the Olympic competition in Tahiti.

- Being an Olympic medalist is my goal, and I will do everything to achieve it - says Medina.

Does anyone doubt it?

L'histoire du surf mondial sera toujours divisée en deux : avant Medina et après Medina. Né à São Sebastião, sur la côte de São Paulo, quelques jours avant Noël 1993, Gabriel a révolutionné la discipline. Avec beaucoup d'attitude, de charisme et des manœuvres radicales, Gabriel Medina a élevé le surf à un niveau supérieur. Le sport s'est popularisé, professionnalisé et est devenu une entreprise rentable pour les sponsors et les athlètes.

Avant de devenir triple champion du monde en 2014, 2018 et 2021, Gabriel effrayait déjà ses rivaux dans les compétitions pour enfants. Il est monté sur une planche pour la première fois à huit ans. À 11 ans, il remportait ses premiers titres nationaux. Le garçon de Maresias a commencé à collectionner des victoires internationales à 15 ans. À 17 ans, il a débuté sa carrière dans l'élite mondiale contre les meilleurs, en gagnant des étapes dès sa première saison. Précoce et impressionnant!

Leader de la "Tempête Brésilienne", expression mondiale pour désigner l'arrivée du Brésil au sommet d'une discipline historiquement dominée par les Américains et les Australiens, Gabriel Medina a gagné en notoriété, en sponsors et en millions de fans sur les réseaux sociaux. Mais il veut encore quelque chose d'inédit : la médaille d'or olympique.

La qualification a eu lieu lors de l'épique participation aux ISA Games, à Porto Rico, en mars 2024. Il a remporté toutes les séries disputées et a vu deux Français, qui pouvaient obtenir la place avec une deuxième place, finir troisième et quatrième. Il a renaît et maintenant il fait peur à ses rivaux, car il est connu pour briller à Teahupoo, lieu de la compétition olympique à Tahiti.

Être médaillé olympique est mon objectif et je ferai tout pour y parvenir - dit Medina.

Qui en doute ?

GUSTAVO MALHEIROS

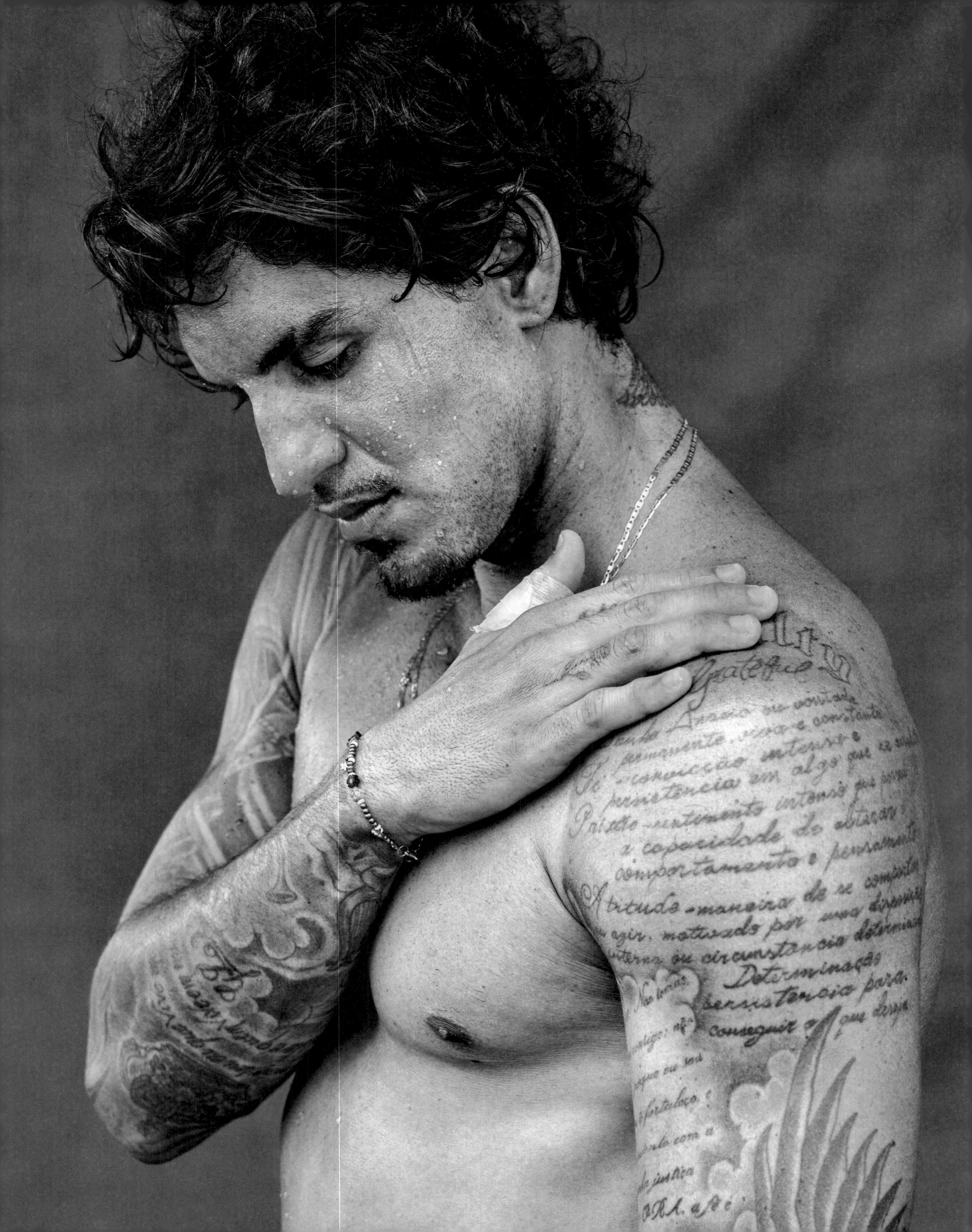

RIP CURL

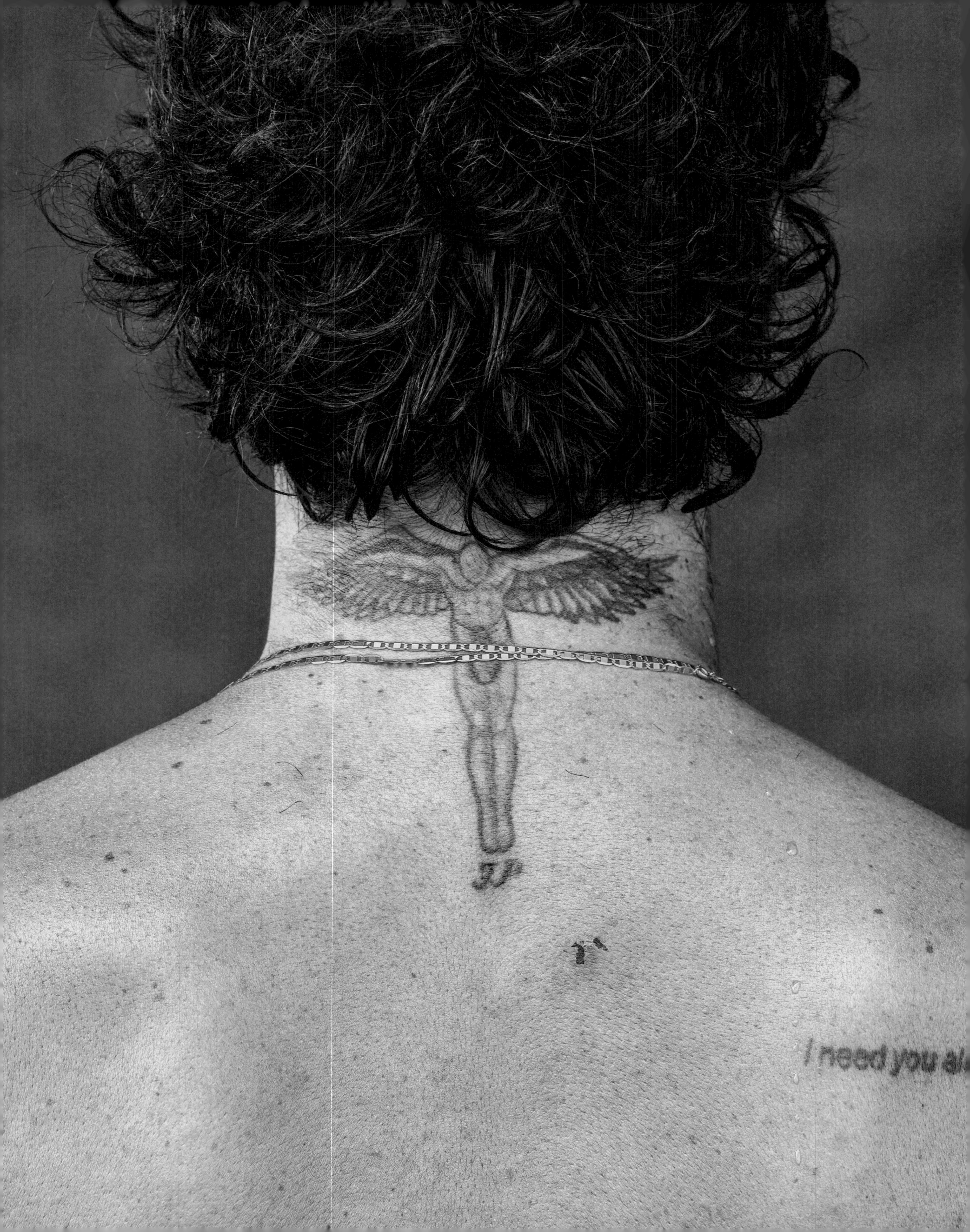
I need you

JADE BARBOSA

ARTISTIC GYMNASTICS
GYMNASTIQUE ARTISTIQUE

GINÁSTICA ARTÍSTICA

No mundo das pedras preciosas, a jade tem um alto valor comercial. No Oriente, é símbolo de serenidade e pureza. Já no mundo da ginástica, Jade Barbosa é sinônimo de resiliência, longevidade e exemplo a ser seguido pelas mais jovens.

Em Paris, a nossa Jade disputará pela terceira vez os Jogos Olímpicos. Estreou em Pequim 2008, competiu em casa, na Rio 2016, e quer brilhar em uma provável despedida da maior competição esportiva do planeta. Em um esporte marcado pela precocidade e pela juventude, a carioca Jade mostra ser possível brilhar depois dos 30 anos. Conseguiu bons resultados internacionais nesse ciclo, ajudando o Brasil a se colocar como uma potência. E busca, no passado, um ânimo a mais na França.

– Paris é muito especial para mim. Foi lá a minha primeira Copa do Mundo, em 2007. Voltei em 2023 e me consagrei com mais uma medalha. Tenho muitas lembranças especiais de uma cidade encantadora, mágica – relembra Jade, que chegou a ter a carreira colocada em xeque diversas vezes após ter realizado quatro cirurgias no joelho, três delas no ligamento cruzado anterior.

Além de surpreender com saltos e movimentos acrobáticos fantásticos nas apresentações, Jade esbanja talento em outra área. Ela ajuda a desenhar os collants da Seleção Brasileira, pondo em prática o que aprendeu na faculdade de design e com o pai, apaixonado pela arte. Foi assinado por ela, por exemplo, o desenho dos collants usados pelas ginastas brasileiras no Mundial 2023, na Bélgica, onde Jade e outras companheiras garantiram a vaga em Paris.

– Eu realmente gosto, me sinto realizada de estar presente em um processo que é tão especial para nós. Você coloca o collant e se sente pronta, aquilo faz parte de você – explica.

Em sua apresentação na prova do solo, em Paris, ao som da música "Baby One More Time", de Britney Spears, Jade vai mostrar ao mundo, mais uma vez, que o impossível não existe.

In the world of precious stones, jade has a high commercial value. In the East, it is a symbol of serenity and purity. In the world of gymnastics, Jade Barbosa is synonymous with resilience, longevity, and a role model for younger athletes.

In Paris, our Jade will compete in the Olympic Games for the third time. She made her debut in Beijing 2008, competed at home in Rio 2016, and wants to shine in what is likely her farewell to the biggest sporting event on the planet. In a sport marked by precocity and youth, Jade shows it is possible to shine after the age of 30. She achieved good international results in this cycle, helping Brazil establish itself as a powerhouse. She seeks inspiration from the past in France.

- Paris is very special to me. It was there that I had my first World Cup in 2007. I returned in 2023 and won another medal. I have many special memories of an enchanting, magical city - said Jade, whose career was questioned several times after undergoing four knee surgeries, three of them on the anterior cruciate ligament.

In addition to shining with jumps and acrobatic moves in her routines, Jade also shows talent in another area. She helps design the leotards for the Brazilian National Team, using lessons from her design college and her father's passion for art. For instance, she designed the leotards worn by Brazilian gymnasts at the 2023 World Championships in Belgium, where she and her teammates secured a spot in Paris.

- I really enjoy it, I feel fulfilled being part of a process that is so special for us. You put on the leotard and feel ready; it becomes a part of you - commented Jade.

In her floor exercise performance in Paris, to the tune of "Baby One More Time" by Britney Spears, Jade will once again show the world that nothing is impossible.

Dans le monde des pierres précieuses, le jade a une grande valeur commerciale. En Orient, il est symbole de sérénité et de pureté. Dans le monde de la gymnastique, Jade Barbosa est synonyme de résilience, de longévité et d'exemple à suivre pour les jeunes.

À Paris, Jade disputera ses troisièmes Jeux Olympiques. Elle a débuté à Pékin en 2008, a concouru à domicile à Rio en 2016 et veut briller lors de son probable adieu à la plus grande compétition sportive du monde. Dans un sport marqué par la précocité et la jeunesse, Jade montre qu'il est possible de briller après 30 ans. Elle a obtenu de bons résultats internationaux, aidant le Brésil à se positionner comme une puissance. Elle puise aussi de la motivation dans ses souvenirs en France.

- Paris est très spécial pour moi. C'est là que j'ai participé à ma première Coupe du Monde en 2007. Je suis revenue en 2023 et j'ai remporté une autre médaille. J'ai beaucoup de souvenirs spéciaux d'une ville magique - dit Jade, dont la carrière a été remise en question plusieurs fois après quatre opérations au genou, dont trois sur le ligament croisé antérieur.

En plus de briller avec ses sauts et mouvements acrobatiques, Jade montre aussi son talent dans un autre domaine. Elle aide à dessiner les justaucorps de l'équipe brésilienne, utilisant ses études en design et la passion de son père pour l'art. Par exemple, c'est elle qui a dessiné les justaucorps des gymnastes brésiliennes aux Mondiaux de 2023 en Belgique, où elles ont assuré leur place à Paris.

- J'aime vraiment ça, je me sens accomplie de faire partie d'un processus si spécial pour nous. "Quand on enfile le justaucorps, on se sent prête, cela fait partie de nous" - commente Jade.

Lors de sa prestation au sol à Paris, sur "Baby One More Time" de Britney Spears, Jade montrera encore une fois au monde que l'impossible n'existe pas.

GUSTAVO MALHEIROS

BRA
zone

BRA

LUCAS VERTHEIN

ROWING
AVIRON

REMO

Como tirar filhos, sobrinhos e netos dos videogames? Ao tentar responder a essa pergunta, muita gente deve decerto admitir a dificuldade que é afastar os jovens dos eletrônicos. No caso da família Verthein, no Rio de Janeiro, o remo foi o "responsável" por tirar Lucas da frente da TV. Um dia, um amigo o convidou para acompanhá-lo até a Lagoa Rodrigo de Freitas, onde treinaria pelo Botafogo. Lucas não apenas aceitou o convite, fez mais: entrou em um dos barcos, gostou da experiência e decidiu iniciar sua trajetória na modalidade, aos 14 anos. Era o início da carreira de Lucas Verthein no remo.

A partir daí, desistiu de passar as noites jogando videogames para poder acordar bem antes do nascer do sol e seguir para o treino. Lucas ainda precisou conciliar o esporte com os estudos, além de ajudar a mãe, Luciana, com o sustento da casa. Para isso, vendia doces e pratos gourmet feitos por ela, além de dar aulas de stand up paddle em Copacabana durante as férias.

Todo o esforço foi recompensado. Lucas foi medalhista de bronze no Mundial Júnior, em 2016, e nos Jogos Pan-Americanos de 2019. Enfileirou vitórias estaduais e nacionais até conquistar a vaga olímpica, como único representante brasileiro nos Jogos de Tóquio, após passar horas vendo vídeos de provas de edições anteriores. Aos 23 anos, ficou perto do top 10 na principal competição do mundo na modalidade, com 12º lugar no single skiff. Em Paris, busca melhorar a posição, depois de um ouro no Pan de 2023, inspirado no americano Kobe Bryant, astro inesquecível do basquete.

– Era um atleta dedicado ao extremo. Dedicação, disciplina, amor ao esporte, entrega, sacrifício... Nunca se dava por vencido, treinava mais do que todo mundo para ser o número 1. Toda essa garra, sede e obstinação são coisas que busco muito. Já tenho dentro de mim, mas busco amplificar sempre mais – revela.

How to get children, nieces, and nephews away from video games? Many people likely find it challenging to pull young ones away from electronics. In the Verthein family, in Rio de Janeiro, rowing was the "culprit" that got Lucas away from the TV.

A friend invited him to Lagoa Rodrigo de Freitas, where he was training for Botafogo. He wanted Lucas to come along. But the visitor did more than that: he got into one of the boats, enjoyed the experience, and decided to start his journey in the sport at 14. Thus began Lucas Verthein's career in rowing.

He swapped nights playing video games for early mornings, waking up well before sunrise to train. Lucas also had to balance the sport with his studies and help his mother, Luciana, support the household. To do this, he sold sweets and gourmet dishes made by her and gave stand-up paddleboarding lessons in Copacabana during vacations.

All the effort paid off. Lucas won a bronze medal at the Junior World Championships in 2016 and the Pan American Games in 2019. He racked up state and national titles until he secured an Olympic spot as the only Brazilian representative at the Tokyo Games, after spending hours watching videos of previous editions' races. At 23, he came close to the top 10 in the world's premier competition, finishing 12th in the single sculls. In Paris, he aims to improve his position after winning gold at the 2023 Pan American Games, inspired by the unforgettable basketball star Kobe Bryant.

- He was an athlete extremely dedicated to the sport. Dedication, discipline, love for the sport, commitment, sacrifice... He never considered himself defeated, trained more than anyone to be number one. All this grit, thirst, and determination are qualities I strive for. I already have them within me, but I always seek to amplify them more.

Comment éloigner les enfants des jeux vidéo ? Beaucoup reconnaissent la difficulté de les éloigner des écrans. Pour la famille Verthein à Rio de Janeiro, l'aviron a été la solution pour éloigner Lucas de la télévision.

Un ami l'a invité à la Lagoa Rodrigo de Freitas pour s'entraîner avec Botafogo. Il voulait que Lucas l'accompagne. Mais Lucas a fait plus : il est monté dans un des bateaux, a aimé l'expérience et a décidé de commencer sa carrière dans cette discipline à 14 ans. Ainsi a débuté la carrière de Lucas Verthein en aviron.

Il a échangé ses nuits de jeux vidéo contre des réveils très matinaux pour s'entraîner. Lucas a dû concilier sport et études, tout en aidant sa mère Luciana à subvenir aux besoins de la famille. Pour cela, il a vendu des bonbons et des plats préparés par elle, et a donné des cours de stand up paddle à Copacabana pendant les vacances.

Tous ses efforts ont été récompensés. Lucas a remporté une médaille de bronze aux Championnats du Monde juniors en 2016 et aux Jeux Panaméricains de 2019. Il a accumulé des victoires nationales et régionales jusqu'à obtenir sa place olympique, étant le seul représentant brésilien aux Jeux de Tokyo. À 23 ans, il a terminé 12e en skiff individuel. À Paris, il vise à améliorer ce classement après une médaille d'or aux Panaméricains de 2023, inspiré par Kobe Bryant, la légende du basket.

- C'était un athlète extrêmement dévoué. Dévouement, discipline, amour du sport, engagement, sacrifice... Il ne se laissait jamais vaincre, s'entraînait plus que tout le monde pour être le numéro 1. Cette ténacité, cette soif et cette obstination sont des choses que je recherche beaucoup. Je les ai déjà en moi, mais je cherche toujours à les amplifier.

GUSTAVO MALHEIROS

ACRUX
BRASIL
CBR
GRANADO
concept 2 SKIN

GRANADO
concept 2 SKINNY

BRASIL
CBR

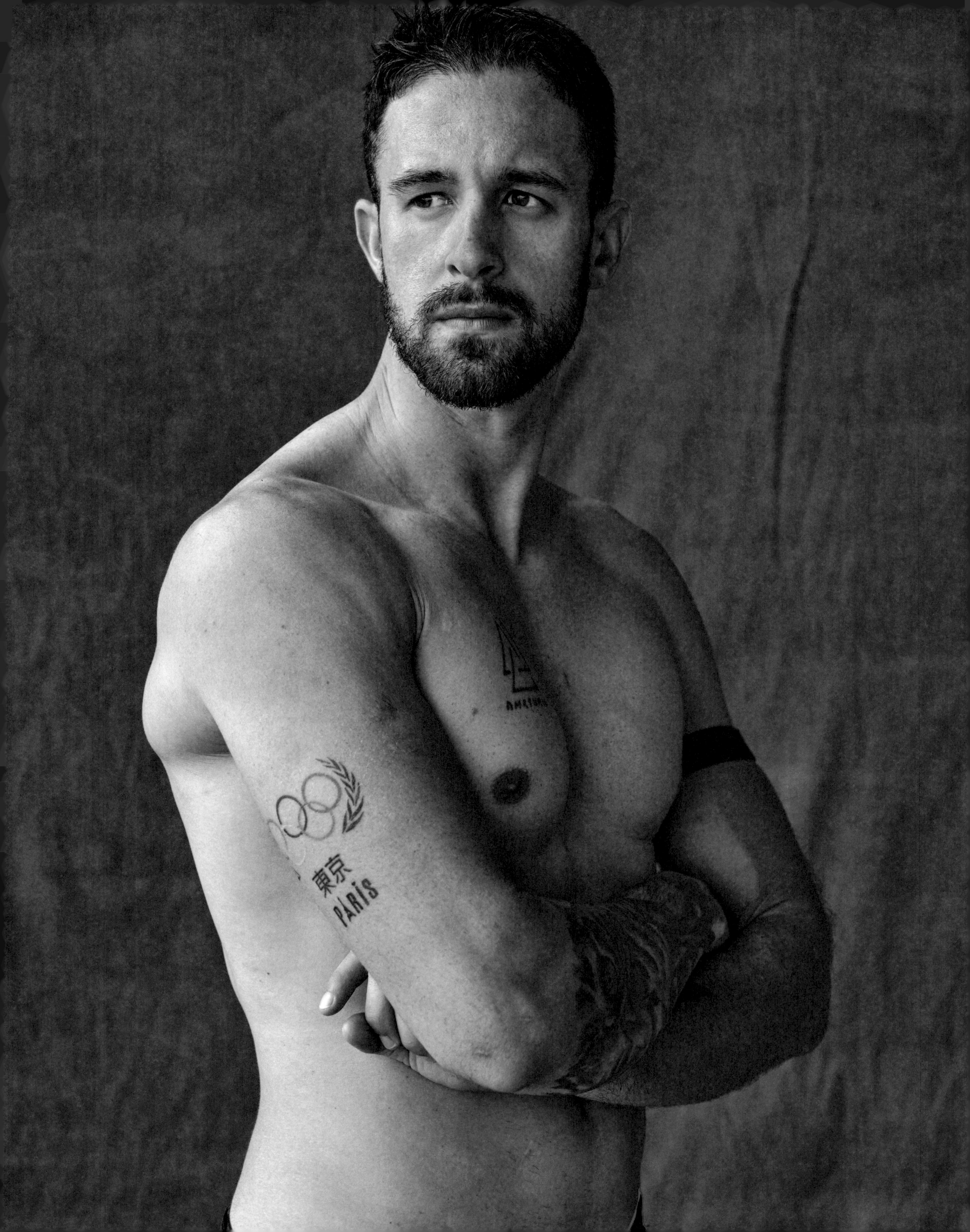
東京
PARIS

ACRUX
RANADO
GRANAD

just do it.
NIKE
SB
vivo

RAYSSA LEAL

SKATEBOARDING
SKATEBOARD

SKATE

O que você fazia aos 13 anos? Se a pergunta for feita a Rayssa Leal, a resposta será: "Ganhava uma histórica medalha olímpica." Em 2021, em Tóquio, a skatista se transformou na atleta mais jovem do Brasil, ao conquistar uma medalha, de prata, na centenária agenda dos Jogos Olímpicos.

O feito incrível é apenas mais um na já vitoriosa carreira desta maranhense de Imperatriz. O primeiro skate ela ganhou do pai, Haroldo, aos 6 anos. Aos 7, filmada pela mãe, Lilian, a menina se tornou conhecida no meio do skate e ganhou um apelido carinhoso. Nascia, nas redes sociais, a *Fadinha*, já que Rayssa estava fantasiada para um evento da escola no vídeo de manobras que viralizou na internet.

E, para uma fada, o céu é o limite. Rayssa já faturou os principais títulos no skate street. Tem milhões de fãs pelo mundo, virou marca influente e referência para quem deseja começar no skate. E tudo isso ainda na adolescência. Hoje é um dos maiores nomes do esporte brasileiro e disputará as Olimpíadas pela segunda vez, agora como protagonista. Será que é um peso para ela voltar a esse grande evento agora como favorita?

– Até eu ir para os Jogos de Tóquio, eu nunca tinha nem assistido a uma Olimpíada – confessa, com toda a sinceridade genuína da idade.

O esporte já fez a nossa *Fadinha* dar praticamente uma volta ao mundo para competir. Europa, Ásia, Américas, Oceania... Entre treinos, competições, eventos com patrocinadores e entrevistas, falta tempo para visitar pontos turísticos na maioria de suas viagens. Mas ela já sabe, em Paris, que passeio deseja fazer:

– Eu acho o Museu do Louvre bem bonito! Nunca entrei, não, mas me identifico porque guarda muita coisa que faz parte da história.

Para quem já fez história, nada mais apropriado.

What were you doing at 13? If you ask Rayssa Leal, the answer would be: "Winning a historic Olympic medal."

In 2021, in Tokyo, the skateboarder became the youngest athlete from Brazil to win a medal, a silver one, in the century-long history of the Olympic Games.

This incredible feat is just another one in the already very successful career of this native of Imperatriz, Maranhão. She received her first skateboard from her father, Haroldo, at the age of six. At seven, filmed by her mother, Lilian, she began to gain recognition in the skateboarding community and earned a cute nickname. On social media, "Fadinha" (Little Fairy) was born, as Rayssa was dressed for a school event in the video of tricks that went viral on the internet.

And for a fairy, the sky's the limit. Rayssa has already won the main titles in street skateboarding. She has millions of fans worldwide, has become an influential brand, and is a reference for those who want to start skateboarding. And all this while still a teenager. She is one of the biggest names in Brazilian sports and will compete in the Olympics for the second time, now as a star. Is it a burden for her to return to the world's major sporting event now as a favorite?

- Until I went to the Tokyo Games, I had never even watched an Olympics - reveals Rayssa, with all the genuine sincerity of her age.

Sport has already taken our Little Fairy practically around the world to compete: Europe, Asia, the Americas, Oceania... Between training, competitions, sponsor events, and interviews, there is little time to visit tourist spots on most trips. But she already knows one place she wants to visit in Paris:

- I think the Louvre Museum is really beautiful! I've never been inside, but I identify with it because it holds many things that are part of history.

For someone who has already made history, nothing could be more appropriate.

Que faisiez-vous à 13 ans ? Si vous posez la question à Rayssa Leal, elle répondrait : "Je gagnais une médaille olympique historique".

En 2021, à Tokyo, la skatrice est devenue l'athlète brésilienne la plus jeune à remporter une médaille, l'argent, dans l'histoire des Jeux Olympiques.

Cet exploit incroyable n'est qu'un autre dans la carrière déjà victorieuse de cette maranhense d'Imperatriz. Elle a reçu son premier skateboard de son père Haroldo à six ans. À sept ans, filmée par sa mère Lilian, elle est devenue connue dans le monde du skate et a gagné le surnom affectueux de Fadinha, car Rayssa était déguisée pour un événement scolaire dans une vidéo de figures qui est devenue virale sur internet.

Et pour une fée, le ciel est la limite. Rayssa a déjà remporté les principaux titres en skateboard street. Elle a des millions de fans dans le monde entier, est devenue une marque influente et une référence pour ceux qui veulent commencer le skateboard. Et tout cela avant même d'être adulte. Elle est l'un des plus grands noms du sport brésilien et disputera les Jeux Olympiques pour la deuxième fois, cette fois en tant que favorite. Est-ce une pression pour elle de revenir à ce grand événement sportif mondial en tant que favorite ?

- Jusqu'à ce que je participe aux Jeux de Tokyo, je n'avais jamais regardé les Jeux Olympiques - révèle Rayssa, avec toute la sincérité de son âge.

Le sport a déjà fait faire à notre petite fée le tour du monde pour concourir. Europe, Asie, Amériques, Océanie... Entre les entraînements, les compétitions, les événements avec les sponsors et les interviews, il manque de temps pour visiter les sites touristiques lors des voyages. Mais elle sait déjà qu'à Paris, elle veut visiter le Musée du Louvre.

- Je trouve que le Musée du Louvre est vraiment beau ! Je n'y suis jamais allée, mais je m'y identifie parce qu'il contient beaucoup d'histoire.

Pour quelqu'un qui a déjà fait l'histoire, rien de plus approprié.

GUSTAVO MALHEIROS

NIKE SB

Just do it.

do it.

STU

NIKE SB
NIKE SB
:60

NIKE SB
STU

YGOR COELHO

A partir de uma iniciativa familiar, o garoto Ygor Coelho conheceu o badminton. Sebastião, o pai, criou, na favela da Chacrinha, na Zona Oeste do Rio de Janeiro, uma organização não governamental para promover esporte entre aqueles que tinham poucas oportunidades de lazer. Sonhava levar à comunidade a natação, modalidade que ele praticava, mas as dificuldades para ter acesso a um local adequado eram grandes demais. Logo começaram as aulas de badminton para crianças, incluindo até exercícios ao som de samba, para desenvolver o gingado e a agilidade. E o filho foi um dos alunos.

Muito pequeno, Ygor precisava de um equipamento adaptado. Então Sebastião cortava a raquete para o filho brincar. Mal podia imaginar que as portas do mundo começaram a se abrir para o garoto naquele momento.

O tempo passou e Ygor Coelho se transformou na referência brasileira do badminton. Aos 19 anos, tornou-se o primeiro brasileiro a disputar os Jogos Olímpicos em sua modalidade, justamente na cidade natal, em 2016. Foi morar na França, depois na Dinamarca, grande centro da modalidade. Nos Jogos Pan-Americanos de Lima, em 2019, outro feito: conquistou a medalha de ouro inédita para o país na competição. Chegou a ser um dos 30 melhores jogadores do mundo e, em sua segunda participação olímpica, em Tóquio, ganhou uma partida, a primeira de um brasileiro na competição.

E grande parte dessas façanhas Ygor conseguiu após fazer diversas cirurgias no quadril, para resolver um problema parecido com o enfrentado por um de seus ídolos, o tenista Gustavo Kuerten, o Guga, já no fim da carreira. Durante o tratamento, ele ganhou peso, sofreu crises de ansiedade, mas foi em frente e voltou a se destacar no esporte, retornando a Paris, onde morou, para disputar a sua terceira Olimpíada.

– Me sinto realizado. Passei por todo esse processo e mostrei que sou capaz de passar por grandes perdas e grandes vitórias – comemora.

From a family initiative, young Ygor Coelho discovered badminton. His father, Sebastião, created a non-governmental organization in the Chacrinha favela in Rio de Janeiro to bring sports to those with few recreational opportunities. He dreamed of introducing swimming, a sport he practiced, to the community, but the challenges of finding a suitable location were too great. So, they started offering badminton classes for children, even incorporating exercises to samba music to develop rhythm and agility. Ygor was one of the students.

Being very small, Ygor needed adapted equipment, so Sebastião cut the racket for his son to play with. Little did he know that this moment would open the doors of the world for the boy.

As time went on, Ygor Coelho became the Brazilian reference in badminton. At 19, he became the first Brazilian to compete in the Olympic Games in his sport, in his hometown, in 2016. He moved to France and later to Denmark, a major center for the sport. At the Pan American Games in Lima 2019, he achieved another milestone: winning the first gold medal for Brazil in the competition. He reached the top 30 players in the world and, in his second Olympic participation in Tokyo, won a match, the first victory for a Brazilian in the competition.

Much of his achievements came after undergoing hip surgeries, a problem similar to that faced by one of Ygor's idols, tennis player Gustavo Kuerten, known as Guga, at the end of his career. During his recovery, Ygor gained weight and suffered anxiety attacks but managed to overcome these challenges and return to prominence in the sport. Now, he returns to Paris, where he once lived, to compete in his third Olympics.

- I feel fulfilled. I went through this whole process and proved that I am capable of overcoming great losses and achieving great victories - he said.

Grâce à une initiative familiale, le jeune Ygor Coelho a découvert le badminton. Son père, Sebastião, a créé une ONG dans la favela de Chacrinha à Rio de Janeiro pour offrir des activités sportives à ceux qui en avaient peu. Il rêvait d'introduire la natation, mais les infrastructures manquaient. Rapidement, des cours de badminton pour enfants ont commencé, avec des exercices au rythme du samba pour développer l'agilité. Ygor était l'un des élèves.

Étant très petit, Ygor avait besoin d'un équipement adapté. Sebastião a donc coupé une raquette pour que son fils puisse jouer. Il ne savait pas que cela ouvrerait les portes du monde à Ygor.

Au fil du temps, Ygor Coelho est devenu la référence brésilienne en badminton. À 19 ans, il est devenu le premier Brésilien à participer aux Jeux Olympiques dans sa discipline, chez lui à Rio en 2016. Il a ensuite vécu en France, puis au Danemark, un centre majeur de badminton. Aux Jeux Panaméricains de Lima en 2019, il a remporté une médaille d'or historique pour le Brésil. Il a été classé parmi les 30 meilleurs joueurs mondiaux et, lors de ses deuxièmes Jeux Olympiques à Tokyo, il a gagné un match, une première pour un Brésilien.

Tout cela malgré des opérations à la hanche, un problème similaire à celui de son idole Gustavo Kuerten, le tennisman. Pendant son traitement, il a pris du poids, a souffert d'anxiété, mais a surmonté ces obstacles pour briller à nouveau, retournant à Paris pour ses troisièmes Jeux Olympiques.

- Je me sens accompli. J'ai traversé tout ce processus et montré que je peux surmonter de grandes pertes et de grandes victoires - dit-il.

GUSTAVO MALHEIROS

Y.COELHO
BRAZIL
DECATHLON PERFLY

BOLSA
ATLETA

LUDI

GUILHERME COSTA

SWIMING
NATATION

NATAÇÃO

Nas piscinas brasileiras, os velocistas Gustavo Borges, Cesar Cielo, Fernando Scherer e Bruno Fratus marcaram época e ajudaram o país a ser protagonista. Hoje, quem dá as cartas, ou melhor, late mais alto, é o *Cachorrão*.

Guilherme Costa é o nome do batismo. Mas o apelido já virou marca registrada. Durante um período de férias, o garoto nascido em Itaguaí, no Rio de Janeiro, foi com amigos para Angra dos Reis, famoso destino no litoral. Em uma partida de futebol, a bola foi parar próxima de um cachorro. Sobrou para Guilherme buscá-la, e o "prêmio" foi uma mordida. No dia seguinte, o time voltou ao local do jogo e perguntou pelo animal. Ele havia morrido. O apelido pegou para o restante da vida.

Cachorrão não tem nada de bravo no dia a dia, mas assusta os adversários. O fundista (aquele que nada provas mais longas) possui as melhores marcas do continente em três provas: 400, 800 e 1.500m nado livre. Ele vai para os Jogos Olímpicos de Paris com a esperança de subir ao pódio, depois do aprendizado em sua estreia em Tóquio, em 2021.

– Sinto que esta é a minha Olimpíada – declara o nadador, que tem entre as principais inspirações o americano Michael Phelps, dono de incríveis 28 medalhas olímpicas. – Ele conquistou algo que nenhum outro conseguiu. Fez algo que ninguém imaginou ser possível.

Para chegar ao ápice, Guilherme valoriza todas as dificuldades já enfrentadas. No início da carreira, precisava, por exemplo, percorrer quase 100 quilômetros por dia para ir e voltar dos treinos. Hoje, entre as braçadas nas idas e voltas na piscina, o *Cachorrão* já visualiza aquela tradicional mordida na medalha para comemorar seu maior feito.

In Brazilian pools, sprinters like Gustavo Borges, Cesar Cielo, Fernando Scherer, and Bruno Fratus made their mark and helped the country become a protagonist. Today, the one making waves, or rather barking the loudest, is "Cachorrão" (Big Dog).

Guilherme Costa is his given name, but his nickname has become his trademark. During a vacation, the boy from Itaguaí, Rio de Janeiro, went with friends to Angra dos Reis, a famous coastal destination. In a soccer game, the ball ended up near a dog, and Guilherme was tasked with retrieving it. The "reward" was a bite. The next day, the team returned to the playing area and inquired about the animal, only to find out it had died. The nickname stuck for life.

Despite his nickname, Cachorrão is not fierce in everyday life but does intimidate his opponents. The long-distance swimmer holds the continent's best times in three events: 400m, 800m, and 1500m freestyle. He heads to the Paris Olympics with hopes of reaching the podium after learning from his debut in Tokyo in 2021.

- I feel this is my Olympics - admits the swimmer, who counts American Michael Phelps, with his incredible 28 Olympic medals, among his main inspirations. - He achieved something no one else has. He did something no one imagined possible.

To reach the pinnacle of his career, Guilherme values all the hardships he has faced. Early in his career, he had to travel nearly 100km daily to attend training sessions. Today, with every stroke in the pool, Cachorrão envisions that traditional bite on the medal to celebrate his greatest achievement.

Guilherme Costa, natation

Dans les piscines brésiliennes, les sprinteurs Gustavo Borges, Cesar Cielo, Fernando Scherer et Bruno Fratus ont marqué l'histoire et aidé le pays à devenir un acteur majeur. Aujourd'hui, celui qui domine, ou plutôt, qui aboie le plus fort, est le Cachorrão.

Guilherme Costa est son nom de naissance. Mais ce surnom est devenu sa marque de fabrique. Pendant des vacances, le garçon né à Itaguaí, à Rio de Janeiro, est allé avec des amis à Angra dos Reis, une célèbre destination côtière. Lors d'un match de football, le ballon s'est retrouvé près d'un chien. C'est Guilherme qui a dû aller le récupérer. La "récompense" a été une morsure. Le lendemain, l'équipe est retournée sur le lieu du match et a demandé des nouvelles de l'animal. Et il était mort. Le surnom est resté pour le reste de sa vie.

Cachorrão n'a rien de méchant dans la vie quotidienne, mais il fait peur à ses adversaires. Le nageur de fond (celui qui nage les épreuves les plus longues) détient les meilleurs temps du continent sur trois distances : 400, 800 et 1500 m nage libre. Il va aux Jeux Olympiques de Paris avec l'espoir de monter sur le podium, après l'apprentissage de ses débuts à Tokyo en 2021.

- Je sens que c'est mon Olympiade, admet le nageur, qui compte parmi ses principales inspirations l'Américain Michael Phelps, détenteur de 28 incroyables médailles olympiques. - Il a accompli quelque chose que personne d'autre n'a réussi. Il a fait ce que personne n'imaginait possible.

Pour atteindre le sommet de sa carrière, Guilherme valorise toutes les difficultés qu'il a déjà rencontrées. Au début de sa carrière, il devait parcourir presque 100 km par jour pour aller et revenir des entraînements. Aujourd'hui, entre les longueurs de la piscine, Cachorrão visualise cette traditionnelle morsure sur la médaille pour célébrer son plus grand exploit.

ALICE GOMES

TRAMPOLINE GYMNASTICS
TRAMPOLINE

TRAMPOLIN

A infância de Alice Gomes, em Ouro Preto, cidade histórica de Minas Gerais, foi das mais movimentadas. A menina não podia avistar uma atividade esportiva gratuita que já se aventurava. Foi assim que descobriu a ginástica de trampolim.

O Instituto Trampolim ficava perto da casa da avó, e logo as terças e as quintas passaram a ser sagradas para as aulas dela no local. A paixão crescente pela modalidade fez com que Alice começasse a dar desculpas em casa para poder treinar também nos demais dias da semana. Um ano de treinamento bastou para que ela disputasse um campeonato internacional nos Estados Unidos e saísse de lá com a medalha de bronze. A brincadeira de criança começou a virar coisa séria.

Com 14 anos, passou a defender o Minas Tênis Clube, em Belo Horizonte. Profissionalizou-se e virou referência da ginástica de trampolim brasileira. Em Paris, disputará pela primeira vez os Jogos Olímpicos, com a memória de uma criança que viu o nadador americano Michael Phelps se transformar em um dos maiores medalhistas de todos os tempos.

– Eu lembro de quando era pequena estar assistindo em casa e ver [o repórter] falando que Michael Phelps ganhou mais uma medalha. Isso ficou como um marco para mim, principalmente nas Olimpíadas de 2012. Eu ainda era muito nova, mas já tinha contato com o esporte – conta.

A estreia olímpica de Alice, em 2024, acontece depois de ela ter exibido performances animadoras em etapas da Copa do Mundo, do Campeonato Mundial e dos Jogos Pan-Americanos.

– As Olimpíadas, para mim e para todo atleta, são um sonho, é o topo para um atleta. Sempre trabalhei pensando em chegar nas Olimpíadas. Então, para mim, é tudo. É a realização de um sonho e uma conquista de um trabalho de anos, não só meu, mas de muitas pessoas, de muitas mãos – resume Alice.

No Instagram, ela tem fotos ao lado da Torre Eiffel, um de seus locais preferidos na capital francesa. Ela sonha voltar lá com uma medalha pendurada ao pescoço.

Alice Gomes' childhood in Ouro Preto, a historic city in Minas Gerais, was quite eventful. The young girl couldn't find a free sports activity without immediately diving into it. And that's how she found out about trampoline gymnastics.

The Trampoline Institute was near her grandmother's house. Tuesdays and Thursdays became sacred for her classes at the Institute. Her growing passion for the sport led Alice to come up with excuses at home to train on other days of the week. One year of training was enough for her to compete in an international championship in the United States and return home with a bronze medal. What started as child's play began to turn into a serious thing.

At 14, she joined Minas Tênis Clube in Belo Horizonte. She became a professional athlete and became a reference for Brazilian trampoline gymnastics. In Paris, she will compete in the Summer Olympics for the first time, with memories of a child who watched American swimmer Michael Phelps in 2012 become one of the greatest medalists of all time.

- I remember being young and watching at home when they announced that Michael Phelps had won another medal. That became a milestone for me, especially during the 2012 Summer Olympics. I was still very young but already had a connection with sports - she recalls.

Alice's Olympic debut in 2024 comes after encouraging results in World Cup stages, World Championships, and the Pan American Games.

- The Summer Olympics, for me and for every athlete, is a dream; it's the pinnacle every athlete wants to reach. I always worked with the goal of making my way to the Summer Olympics. So for me, it's everything I hope for. The realization of a dream and the achievement of years of hard work, not just mine, but of many others, many other hands - Alice comments.

On Instagram, she has photos next to the Eiffel Tower, one of her favorite places in the French capital. But she dreams of returning to that same spot with a medal hanging around her neck.

L'enfance d'Alice Gomes, à Ouro Preto, ville historique du Minas Gerais, a été très active. Dès qu'elle découvrait une activité sportive gratuite, elle s'y aventurait. C'est ainsi qu'elle a découvert la gymnastique de trampoline.

L'Institut Trampoline était proche de la maison de sa grand-mère. Les mardis et jeudis étaient réservés pour ses cours. Sa passion grandissante pour cette discipline la poussait à trouver des excuses pour s'entraîner les autres jours de la semaine. Après un an d'entraînement, elle a participé à un championnat international aux États-Unis et a remporté une médaille de bronze. Ce qui était un jeu est devenu sérieux.

À 14 ans, elle a rejoint le Minas Tênis Clube à Belo Horizonte. Elle est devenue professionnelle et une référence en trampoline au Brésil. À Paris, elle disputera ses premiers Jeux Olympiques, se rappelant avoir vu Michael Phelps devenir l'un des plus grands médaillés de tous les temps en 2012.

- Je me souviens de regarder à la television et de decouvir que Michael Phelps avait gagné une autre médaille. Cela m'a marqué, surtout aux JO de 2012. J'étais très jeune, mais déjà passionnée par le sport - se rappelle-t-elle.

Alice fera ses débuts olympiques en 2024 après de bons résultats en Coupe du Monde, Championnat du Monde et Jeux Panaméricains.

- Les Jeux Olympiques, pour moi et pour tout athlète, sont un rêve, le sommet à atteindre. J'ai toujours travaillé en pensant aux JO. C'est la réalisation d'un rêve et le fruit de nombreuses années de travail, non seulement le mien, mais celui de nombreuses personnes - commente Alice.

Sur Instagram, elle a des photos à côté de la Tour Eiffel, un de ses lieux préférés à Paris. Mais elle rêve d'y retourner avec une médaille autour du cou.

MTC

FORMAÇÃO DE ATLETAS
CBC
PRIMAZ

GUILHERME SCHIMIDT

JUDO

JUDÔ

O judô entrou no programa olímpico em 1964. E é, atualmente, o esporte que mais obteve medalhas para o Brasil: 23. Tal status aumenta a responsabilidade de quem consegue entrar na Seleção e disputar uma Olimpíada. E não seria diferente com o jovem Guilherme Schimidt. Aos 23 anos, ele cresceu no Distrito Federal vendo conterrâneos brilharem na modalidade. Foi assim com Ketleyn Quadros, Erika Miranda e Luciano Corrêa. A cada medalha conquistada pelas referências, Guilherme se motivava para seguir o mesmo caminho.

No fim de 2018, ele deixou a Academia Espaço Marques Guiness, em Brasília, rumo ao Minas Tênis Clube, onde exibiu atuações bem animadoras. E, ao fim da transição da categoria de base para o profissional, as expectativas de sucesso em torno de sua performance começaram a se confirmar. No atual ciclo, Guilherme Schimidt ganhou medalhas nos torneios de Grand Slam, em Pan-Americanos e no Mundial. E se credenciou para brigar por um pódio em Paris. Para isso, tem "ajuda" de uma superstição bem peculiar: uma cueca da sorte. O judoca leva seu amuleto para todas as grandes competições mundo afora. E não seria diferente em Paris.

– Eu conquistei uma medalha em uma competição importante e estava usando essa cueca, uma cueca preta com um detalhe vermelho. Desde então, criei essa superstição. Apesar de ter competido várias vezes e já ter perdido com ela, me sinto muito bem quando a uso. Sou um pouco supersticioso, então, quando vou competir, gosto de repetir alguns rituais, e esse é um deles. Sempre levo a cueca na mala de mão, junto com o quimono, para não ter erro de ser extraviada – relata o judoca, que tem como primeira recordação dos Jogos a conquista do nadador Cesar Cielo, em Pequim 2008.

Judo was added to the Olympic program in 1964 and is currently the sport with the most medals for Brazil in history: 23. Such status increases the responsibility of anyone who manages to join the National Team and compete in the Olympics. And it's no different for the young Guilherme Schimidt.

At 23 years old, he grew up in the Federal District watching fellow countrymen shine in the sport. This was the case with Ketleyn Quadros, Erika Miranda, and Luciano Corrêa. With each medal won by these role models, Guilherme was motivated to follow the same path.

At the end of 2018, he left the Espaço Marques Guiness Academy in Brasília and headed to Minas Tênis Clube, achieving very encouraging results. As he transitioned from the junior to the professional category, expectations for his success began to materialize.

In the current cycle, Guilherme Schimidt has won medals in Grand Slams, Pan American Games, and the World Championships. He has qualified to fight for a podium finish in Paris. For this, he has the "help" of a rather peculiar superstition: a lucky pair of underwear. The judoka takes his lucky charm to all major competitions worldwide, and Paris will be no different.

- I won a medal in an important competition and was wearing these underwear, black with a red detail. Since then, I developed this superstition, which is the lucky underwear. Although I've competed many times and lost with them, I feel very good when I wear them. I'm a bit superstitious, so when I compete, I like to repeat certain rituals, and this is one of them. I always carry them in my hand luggage, along with my kimono, to avoid the risk of them getting lost - commented the judoka, whose first memory of the Games is swimmer Cesar Cielo's victory in Beijing 2008.

Le judo est devenu un sport olympique en 1964. C'est actuellement le sport qui a rapporté le plus de médailles au Brésil avec 23 médailles. Ce statut augmente la responsabilité des membres de l'équipe nationale. Et ce n'est pas différent pour le jeune Guilherme Schimidt.

À 23 ans, il a grandi dans le District Fédéral en voyant des compatriotes briller dans le judo, comme Ketleyn Quadros, Erika Miranda et Luciano Corrêa. Chaque médaille remportée par ses idoles motivait Guilherme à suivre le même chemin.

À la fin de 2018, il a quitté l'Académie Espaço Marques Guiness à Brasília pour rejoindre le Minas Tênis Clube, avec des résultats prometteurs. À la fin de sa transition de la catégorie junior à la professionnelle, les attentes quant à son succès ont commencé à se confirmer.

Dans le cycle actuel, Guilherme Schimidt a remporté des médailles aux Grands Chelems, aux Panaméricains et aux Championnats du monde. Il s'est qualifié pour viser un podium à Paris. Pour cela, il compte sur une superstition particulière : un caleçon porte-bonheur. Le judoka emmène son talisman à toutes les grandes compétitions mondiales. Et ce ne sera pas différent à Paris.

- J'ai remporté une médaille lors d'une compétition importante en portant ce caleçon noir avec un détail rouge. Depuis, il est devenu mon porte-bonheur. Même si j'ai déjà perdu avec, je me sens très bien quand je le porte. Je suis un peu superstitieux, donc je répète certains rituels avant de concourir, et c'en est un. Je l'emporte toujours dans mon bagage à main avec le kimono, pour éviter qu'il ne soit perdu » - raconte Guilherme, dont le premier souvenir des Jeux est la victoire du nageur Cesar Cielo à Pékin en 2008.

GUSTAVO MALHEIROS

I. OLIVEIRA
ESTRELA BET
minas

tênis clube
11:04
ESTRELA
BET
G. Schimidt

PRIMAZ
CORPORATE
FORMAÇÃO DE ATLETAS
CBC
COMITÊ
CLUBES

BR
PETROBRA

I.OLIVEIRA
ESTRELA BET
PRIMAZ

ORDEM E PRO

BIA FERREIRA

BOXING
BOXE

BOXE

Quais eram as suas brincadeiras prediletas aos 4 anos de idade? Se a pergunta fosse feita a Beatriz Iasmin Soares Ferreira, ela responderia: acompanhar o pai, Raimundo, conhecido como Sergipe, em treinos e lutas de boxe. Bia, como gosta de ser chamada, curtia tanto aqueles momentos que decidiu muito cedo seguir os mesmos passos. Duas décadas e meia depois da precoce e intuitiva decisão, ela se transformou em referência na família de boxeadores. Bia Ferreira é campeã mundial e medalhista olímpica no boxe – credenciais de quem superou as enormes probabilidades de dar errado.

Nascida em uma família pobre, em Salvador, Bia conviveu com difuldades desde criança. O pai precisava ter diversos empregos, além do boxe, para garantir o sustento da casa. Em 2004, uma decisão difícil começaria a mudar o destino de todos. Sergipe foi convidado para dar aulas da modalidade em Juiz de Fora, em Minas Gerais. A família se mudou e na nova cidade a carreira da garota teve início. Mas foi preciso enfrentar o preconceito: treinava contra homens, já que eram raras as meninas no esporte em todo o estado. E, sem dinheiro, não conseguia disputar competições nacionais.

Tudo começou a mudar pouco antes das Olimpíadas do Rio, em 2016, quando foi notada por treinadores da Seleção Brasileira. Em seguida, foi chamada para participar do projeto Vivência Olímpica, como companheira de treino de Adriana Araújo, então nome de peso do boxe feminino no país. Depois, apareceram os primeiros grandes resultados: sagrou-se campeã brasileira. Na sequência, foi medalhista de ouro no Pan. O mundo começava a conhecê-la. E não demorou para se tornar campeã mundial e medalhista de prata nas Olimpíadas de Tóquio. Sem nunca reclamar dos percalços de sua história de vida.

– Todo atleta tem uma vida, uma história de superação. E é muito legal procurar saber e conhecer a trajetória de outros. Você acha que passou por coisas difíceis, mas outras pessoas passaram por coisas piores e deram a volta por cima – diz Bia, com sabedoria.

What were your favorite childhood games at age 4? If this question were asked to Beatriz Iasmin Soares Ferreira, she would answer: accompanying her father Raimundo, known as Sergipe, to boxing training and matches. Bia, as she likes to be called, enjoyed those moments so much that she decided very early on to follow in his footsteps.

Two and a half decades after that early and intuitive decision, she has become a reference in her family of boxers. Bia Ferreira is a world champion and Olympic medalist in boxing. These are the credentials of someone who overcame enormous odds.

Born into a poor family in Salvador, Bia faced difficulties from a very young age. Her father had various jobs, in addition to boxing, to support the household. In 2004, a difficult decision began to change their destiny. Sergipe received an invitation to teach boxing in Juiz de Fora, State of Minas Gerais. And it was there that the girl's career began. She had to overcome prejudice. She trained against men since there were few girls in the sport in the entire State. Without money, she couldn't compete in national competitions.

Everything started to change before the 2016 Summer Olympics in Rio. She was noticed by coaches of the Brazilian National Team. Shortly after, she was invited to participate in the Olympic Experience project, serving as a training partner for Adriana Araújo, a prominent name in women's boxing in the country at the time. Soon after, the first significant results appeared: Brazilian champion. Then, she won a gold medal at the Pan American Games. The world started to notice her. It didn't take long for her to become a world champion and a silver medalist at Tokyo's Summer Olympics. And she never complained about the hurdles in her life story.

- Every athlete has a life, a story of overcoming. And it's really cool to learn about and understand the journeys of others. You think you've been through difficult things, but other people have been through worse and turned things around - said Bia.

Quelles étaient vos jeux préférés à 4 ans ? Si vous posez la question à Beatriz Iasmin Soares Ferreira, elle répondrait : accompagner son père Raimundo, connu sous le nom de Sergipe, à ses entraînements et combats de boxe. Bia, comme elle aime se faire appeler, adorait ces moments et a très tôt décidé de suivre ses pas.

Deux décennies et demie après cette décision précoce et intuitive, elle est devenue une référence dans sa famille de boxeurs. Bia Ferreira est championne du monde et médaillée olympique en boxe. Preuve qu'elle a surmonté des obstacles énormes.

Née dans une famille pauvre à Salvador, Bia a connu les difficultés dès son plus jeune âge. Son père avait plusieurs emplois, en plus de la boxe, pour subvenir aux besoins de la famille. En 2004, une décision difficile a changé leur destin. Sergipe a été invité à enseigner la boxe à Juiz de Fora, à Minas Gerais. C'est là que la carrière de Bia a commencé. Elle a dû faire face aux préjugés. Elle s'entraînait contre des hommes, car il y avait peu de filles dans ce sport dans tout l'État. Sans argent, elle ne pouvait pas participer aux compétitions nationales.

Tout a commencé à changer avant les Jeux de Rio en 2016. Elle a été repérée par les entraîneurs de l'équipe nationale brésilienne. Peu après, elle a été invitée à rejoindre le projet Vivência Olímpica, comme partenaire d'entraînement d'Adriana Araújo, grande figure de la boxe féminine au Brésil. Peu après, les premiers grands résultats sont arrivés : championne du Brésil. Ensuite, elle a remporté l'or aux Panaméricains. Le monde commençait à la connaître. Elle est rapidement devenue championne du monde et médaillée d'argent aux Jeux de Tokyo. Et cela sans jamais se plaindre des épreuves de sa vie.

- Chaque athlète a une vie, une histoire de dépassement. C'est très intéressant de connaître le parcours des autres. Vous pensez avoir traversé des choses difficiles, mais d'autres ont surmonté le pire et ont réussi - dit Bia.

GUSTAVO MALHEIROS

CBBOXE
CBBOXE

HYBRID
CBBOXE

BRASIL
CBBOXE
CBBOXE
2021
NEW DELHI 2023
Santiago
2023
1992

CBBOXE
PEAK
CBBOXE
CBBOXE

TOKYO 2020

PEPÊ GONÇALVES

CANOEING
CANOË-KAYAK

CANOAGEM

A estância turística paulista de Piraju, bem perto do Paraná, tem o rio Paranapanema como cartão-postal. Para a maioria da população, trata-se de local perfeito para andar de pedalinho, navegar, fazer stand up paddle ou, simplesmente, tomar banho em suas águas calmas. Mas não para Pedro Henrique Gonçalves da Silva.

Pepê, como é conhecido, foi um dos garotos inscritos em um projeto social, o Navegar. Ele sonhava com a canoagem, mas, por conta da baixa estatura, o professor indicou a vela para o seu desenvolvimento. Mas, do alto de seus 13 anos, Pepê insistiu e conseguiu se fixar no esporte desejado – acabaria se tornando destaque brasileiro na canoagem.

Aos 16 anos, o garoto foi morar em Foz do Iguaçu, um centro de referência da modalidade no país. Dinheiro contado para as despesas; no cardápio, arroz com ketchup. De perrengue em perrengue, Pepê foi ganhando "casca". E os resultados começaram a aparecer em nível nacional. Em 2016, nas Olimpíadas do Rio de Janeiro, estreou com um sexto lugar no K1 (caiaque individual). Ele já estava, então, entre os melhores do mundo, com medalhas em Pans e Mundiais.

As viagens pelo mundo fizeram com que um hobby aflorasse: a paixão pela fotografia e pelos vídeos. Passou a registrar e divulgar as imagens de suas aventuras, incluindo drones na produção. Queria que o mundo visse as belezas dos palcos da canoagem. Fotógrafo e fotogênico. Paralelamente, mostrava também seu estilo de se vestir. E, assim, levando a vida dentro e fora do esporte, Pepê vai para a sua terceira Olimpíada, em busca do seu melhor resultado.

The tourist resort of Piraju, in São Paulo, near Paraná, has the Paranapanema River as its postcard. For most of the population, it's a perfect spot for paddle boating, sailing, stand-up paddleboarding, or simply bathing in its calm waters. But not for Pedro Henrique Gonçalves da Silva.

Pepê, as he is known, was one of the boys enrolled in a social project called Navegar. He dreamed of canoeing, but his short stature made the instructor suggest sailing instead. At 13, Pepê insisted and managed to stay in the sport he desired. Thus began the career of a Brazilian standout in canoeing.

At 16, the boy from Piraju moved to Foz do Iguaçu, a reference center for the sport in the country. He had just enough money for expenses. His menu often consisted of rice with ketchup. Through these hardships, Pepê developed resilience. His results started to appear on the national level. In 2016, at the Rio Olympics, he debuted with a sixth place in the K1 (individual kayak). He was already among the best in the world, with medals in Pan American and World Championships.

His travels around the world sparked a hobby: a passion for photography and videos. He began to document and share images of his adventures, incorporating drones into his productions. He wanted the world to see the beauty of canoeing venues. Both photographer and photogenic, Pepê also showcased his unique style of dressing.

Living life both inside and outside of sports, Pepê heads to his third Olympics in search of his best result.

La station touristique de Piraju, près du Paraná, a le fleuve Paranapanema comme carte postale. Pour la plupart, c'est un lieu idéal pour faire du pédalo, naviguer, faire du stand up paddle ou simplement se baigner. Mais pas pour Pedro Henrique Gonçalves da Silva.

Pepê, comme il est connu, faisait partie des garçons inscrits dans un projet social, Navegar. Il rêvait de faire du canoë, mais sa petite taille a poussé le professeur à lui recommander la voile. Pepê, à 13 ans, a insisté et s'est imposé dans le sport qu'il désirait. Ainsi commençait la carrière d'un futur grand nom du canoë brésilien.

À 16 ans, Pepê a déménagé à Foz do Iguaçu, un centre de référence de la discipline. L'argent était compté. Au menu, du riz avec du ketchup. En surmontant les difficultés, il s'est endurci. Les résultats nationaux ont suivi. En 2016, aux Jeux de Rio, il a terminé sixième en K1 (kayak individuel). Il était déjà parmi les meilleurs du monde, avec des médailles aux Panaméricains et aux Mondiaux.

Ses voyages ont fait naître une passion : la photographie et la vidéo. Il a commencé à documenter ses aventures, incluant des drones dans ses productions, pour montrer les beautés des sites de canoë. Photographe et photogénique, il a aussi montré son style vestimentaire.

En conciliant vie sportive et passions, Pepê vise son meilleur résultat lors de sa troisième Olympiade.

GUSTAVO MALHEIROS

BRASIL RUGBY
KICK
HSBC
SVNS

ALINE FURTADO

BIANCA SILVA

CHALIA COSTA

MARINA DA SILVA

MARINA COSTA

LUIZA CAMPOS

Mariana, Luiza, Marina, Bianca, Thalia, Aline, Isadora... Ou, simplesmente, Yaras. Na Seleção Brasileira feminina de rugby sevens, a identidade individual de cada atleta se confunde com o apelido, um sinônimo de coletividade, que diferencia o time verde-amarelo dos demais. No fim de 2013, as atletas escolheram um símbolo de "coragem e espírito de grupo" para representá-las como marca, em uma modalidade conhecida pelos apelidos das Seleções. Na mitologia tupi-guarani, Yara é a filha do Pajé, uma temida guerreira. E o nome ajuda a personificar muito bem as guerreiras do rugby brasileiro.

Fatos da história recente da modalidade no Brasil reforçam o acerto na escolha. Atletas e ex-atletas, juntas, definiram o apelido de Yaras, criaram um símbolo que representasse o conjunto, e não o individual, e até conceberam um novo uniforme, desenhado e aprovado por elas. Nesse processo, com o aval da confederação, substituíram o Tupi, marca da Seleção masculina que, por muito tempo, elas foram "obrigadas" a usar também. As jogadoras construíram uma identidade própria, ganharam respeito, mantiveram a hegemonia no continente de forma incontestável e vão disputar a sua terceira Olimpíada seguida, desde a volta da modalidade ao programa do maior evento esportivo do globo, em 2016.

Mais do que o sucesso esportivo, as Yaras são um exemplo de coragem e sucesso na árdua batalha diária da mulher por igualdade na sociedade. Para elas, vestir a camisa da Seleção significa "ter a consciência de que uma precisa das outras para vencer os desafios e sonhar com mais conquistas", como elas costumam dizer. Juntas, as nossas Yaras são muito mais fortes.

Mariana, Luiza, Marina, Bianca, Thalia, Aline, Isadora... Or simply Yaras. In the Brazilian women's rugby sevens team, the individual identity of each athlete merges with their nickname, a synonym for collectivism that sets the green-and-yellow team apart from others worldwide.

At the end of 2013, the athletes chose a symbol of "courage and group spirit" to represent them as a brand, in a sport known for the nicknames of its teams. In Tupi-Guarani mythology, Yara is the daughter of Pajé, a feared warrior. This aptly personifies the warriors of Brazilian rugby.

Recent historical facts about the sport in Brazil reinforce the wisdom of their choice. Athletes and former athletes together defined the nickname Yaras, created a symbol representing the collective rather than the individual, and even conceived a new uniform, designed and approved by them. In this process, they replaced, with the federation's approval, the Tupi brand used by the men's team, which they had been "obliged" to use for a long time. The players built their own identity, gained respect, maintained their undisputed dominance in the continent, and are set to compete in their third consecutive Olympics since the sport's return to the program of the largest sporting event in 2016.

More than just sporting success, the Yaras are an example of courage and triumph in the arduous daily battle for women's equality in society. For them, wearing the national team jersey means "being aware that one needs the others to overcome challenges and dream of more victories." Together, our Yaras are much stronger.

Mariana, Luiza, Marina, Bianca, Thalia, Aline, Isadora... ou simplement Yaras. Dans l'équipe nationale brésilienne de rugby à sept féminin, l'identité individuelle de chaque athlète se confond avec ce surnom, symbole de collectivité, qui distingue l'équipe vert-jaune des autres dans le monde entier.

Fin 2013, les athlètes ont choisi un symbole de "courage et esprit de groupe" pour les représenter, dans un sport connu pour les surnoms des équipes. Dans la mythologie tupi-guarani, Yara est la fille d'un Pajé, une redoutable guerrière. Elle personnifie bien les guerrières du rugby brésilien.

Les faits récents de l'histoire du rugby féminin au Brésil confirment ce choix. Athlètes et ex-athlètes ont ensemble défini le surnom Yaras, créé un symbole pour le groupe et non pour l'individu, et même conçu un nouvel uniforme, dessiné et approuvé par elles. Elles ont remplacé, avec l'aval de la confédération, le Tupi, marque de l'équipe masculine, qu'elles devaient porter. Les joueuses ont construit une identité propre, gagné du respect, maintenu une hégémonie continentale incontestée et vont disputer leur troisième Olympiade depuis le retour du rugby aux Jeux en 2016.

Plus qu'un succès sportif, les Yaras sont un exemple de courage et de réussite dans la lutte quotidienne des femmes pour l'égalité. Pour elles, porter le maillot de l'équipe signifie "être consciente que l'une a besoin des autres pour surmonter les défis et rêver de plus de victoires". Ensemble, nos Yaras sont bien plus fortes.

Kick

TIM
BRASIL
Lei de Incentivo

YARAS
BRASIL

GILBERT
SIZE: 5
QUANTUM MATCHBALL
9-10 PSI

HSBC
Tokyo 2020
BRASIL
RUGBY

BRA
9-10 PSI

BRASIL RUGBY

BRASIL RUGBY
PEAK

INGRID OLIVEIRA

DIVING
PLONGEON

SALTO ORNAMENTAL

O tema saúde mental ganhou espaço nos últimos anos no meio esportivo principalmente depois de a ginasta americana Simone Biles não disputar os Jogos de Tóquio. Cada vez mais, o sucesso de um atleta nas quadras, nos campos, nas pistas ou nas piscinas é reconhecido como estando ligado ao equilíbrio entre técnica, tática, físico e psicológico. E Ingrid Oliveira, destaque brasileiro nos saltos ornamentais, sabe muito bem disso.

Desde 2022, a saltadora nascida em Niterói, no Rio de Janeiro, possui o melhor resultado do Brasil na história da modalidade: o quarto lugar na plataforma de 10 metros dos saltos ornamentais no Campeonato Mundial de Budapeste, na Hungria. Mas, para atingir tal desempenho, Ingrid precisou mostrar mais força mental do que ela, talvez, imaginasse ter.

Quando começou no esporte, aos 12 anos, foi necessário superar o medo de altura para saltar. Durante a tentativa de classificação para a sua primeira Olimpíada, perdeu a mãe, uma de suas maiores incentivadoras. Na Rio 2016, aos 20 anos, foi vítima de preconceito e machismo, ao ter uma relação amorosa, na Vila Olímpica, revelada ao público. Virou a "musa da polêmica", um prato cheio para haters e falsos moralistas nas redes sociais.

Ingrid ficou anos sem falar sobre o assunto, competindo em silêncio para ser reconhecida pelos resultados. Durante o atual ciclo para Paris, esteve perto de arrebatar uma medalha no Mundial e, na sequência, se viu tendo que lidar com depressão. Era o peso de ser uma das melhores do planeta na modalidade. Tomou remédios e fez terapia para poder, mais uma vez, dar a volta por cima e sonhar novamente com mais um feito histórico, dessa vez em sua terceira Olimpíada.

Para quem superou tanta coisa, é bom não duvidar dela.

Mental health has gained prominence in the sports world in recent years, especially after American gymnast Simone Biles withdrew from the Tokyo Games. Increasingly, an athlete's success in courts, fields, tracks, or pools is linked to the balance between technique, tactics, physical fitness, and psychology. Ingrid Oliveira, a Brazilian standout in diving, understands this well.

Since 2022, the diver from Niterói, Rio de Janeiro, has held Brazil's best result in the history of the sport: fourth place in the 10-meter platform at the World Championships in Budapest, Hungary. But to achieve such a performance, Ingrid had to show more mental strength than she perhaps even knew she had.

When she started in the sport at age 12, she had to overcome a fear of heights to dive. During her attempt to qualify for her first Olympics, she lost her mother, one of her greatest supporters. At the Rio 2016 Olympics, at age 20, she was a victim of prejudice and sexism after a romantic relationship in the Olympic Village was revealed, turning her into the "muse of controversy." It was a field day for haters and false moralists on social media.

For years, she did not speak about the issue, competing in silence to be recognized for her results in the sport. During the current cycle for Paris, Ingrid came close to a medal at the World Championships and then had to deal with depression. It was the weight of being one of the best in the world in her sport. She needed medication and therapy to once again bounce back and dream of another historic result, this time in her third Olympics.

For someone who has overcome so much, it's best not to doubt her.

Le thème de la santé mentale a gagné en importance dans le sport ces dernières années, surtout après que la gymnaste américaine Simone Biles ait renoncé aux Jeux de Tokyo. De plus en plus, le succès d'un athlète est lié à un équilibre entre technique, tactique, physique et mental. Ingrid Oliveira, star brésilienne du plongeon, en est bien consciente.

Depuis 2022, cette plongeuse née à Niterói, à Rio de Janeiro, détient le meilleur résultat du Brésil dans l'histoire de la discipline : la quatrième place au 10 mètres aux Championnats du Monde de Budapest, en Hongrie. Mais pour atteindre ce niveau, Ingrid a dû montrer une force mentale qu'elle ignorait peut-être posséder.

Elle a commencé le sport à 12 ans et a dû surmonter sa peur des hauteurs pour plonger. Pendant les qualifications pour ses premiers Jeux Olympiques, elle a perdu sa mère, une de ses plus grandes supporters. À Rio 2016, à 20 ans, elle a été victime de préjugés et de sexisme après qu'une relation amoureuse à la Vila Olímpica ait été révélée. Elle est devenue la "muse de la polémique", une cible pour les haters et les moralistes sur les réseaux sociaux.

Elle a passé des années sans parler de ce sujet, concourant en silence pour être reconnue pour ses performances. Durant de la période actuel pour Paris, Ingrid a frôlé une médaille mondiale et a ensuite dû faire face à la dépression. Le poids d'être l'une des meilleures au monde était lourd. Elle a eu besoin de médicaments et de thérapie pour surmonter cette période et rêver à nouveau d'un résultat historique, cette fois pour ses troisièmes Jeux Olympiques.

Pour quelqu'un qui a surmonté tant d'obstacles, il est sage de ne pas douter d'elle.

GUSTAVO MALHEIROS

ISAAC SOUZA

DIVING
PLONGEON

SALTO
ORNAMENTAL

Superar adversidades é uma obrigação dos atletas de alto rendimento em busca do melhor resultado. Mas, para Isaac Souza, tal obrigação tem a ver com a vida. Nascido no Rio de Janeiro em 1999, ele passou a infância em uma moradia simples, localizada ao pé da comunidade da Mangueira, na Zona Norte da cidade. Conviver com a violência era uma rotina, infelizmente. A falta de perspectivas, uma das únicas opções. Contudo, quis o destino que o futuro de Isaac fosse o esporte.

Começou na capoeira, mostrando elasticidade e desenvoltura nas piruetas feitas em casa e pelas ruas da vizinhança, até o dia em que a mãe, Elizelba, viu um panfleto de uma peneira de ginástica artística na Universidade Estadual do Rio (Uerj). Ela fez a inscrição e o obrigou a ir. O menino, de 7 anos, foi admitido e poucos meses depois já treinava no Flamengo. Ficou na modalidade até os 12, quando resolveu se aventurar nos saltos ornamentais, mesmo com os pais sendo contrários. Foi paixão à primeira vista para o garoto. Começava, assim, a carreira de um dos destaques do Brasil.

– Saí da favela da Mangueira, onde muitos jovens não têm oportunidade. Deus me abençoou. Hoje, quando ando por lá, as pessoas falam "aquele é o Isaac, saiu daqui e venceu na vida"... Ficam felizes de ver que cresci – comenta.

Cresceu e venceu. Medalhas em torneios nacionais e internacionais, longos períodos de treinamento na China, a meca da modalidade. Estreou nas Olimpíadas em 2021, em Tóquio. Por conta da pandemia, foram muitas as restrições para os atletas, a começar pela ausência da torcida. Em Paris, será a hora de aproveitar tudo o que os Jogos oferecem, além de conhecer o Museu do Louvre e uma vinícola, que é o que ele deseja.

– Ser reconhecido como atleta olímpico é algo que ninguém pode tirar da gente – avisa.

Sim, e ninguém tira dele também o orgulho de quem venceu na vida.

Overcoming adversities is a necessity for high-performance athletes in their pursuit of the best results. But for Isaac Souza, this necessity is a part of life.Born in Rio de Janeiro in 1999, he spent his childhood in a simple home at the foot of the Mangueira favela. Unfortunately, living with violence was routine. The lack of prospects was a given. But fate decided that Isaac's future would be in sports.

He started with capoeira, showing flexibility and skill in the flips he performed at home and in the neighborhood streets until his mother Elizelba saw a flyer for a gymnastics tryout at the State University of Rio. She signed him up and made him go. The 7-year-old boy passed and a few months later was training at Flamengo. He stayed in gymnastics until he was 12 when he decided to try diving, despite his parents' opposition. It was love at first sight for the boy. This marked the beginning of the career of one of Brazil's standout athletes.

- I left the Mangueira favela, where many young people don't have opportunities. God blessed me. Today, when I walk through there, people say "that's Isaac, he came from here and succeeded in life," and they're happy to see that I've grown - he recalls.

He grew and succeeded. He won medals in national and international tournaments, and spent long training periods in China, the mecca of the sport. He made his Olympic debut in Tokyo in 2021. Due to the pandemic, there were many restrictions for athletes and no spectators. In Paris, it's time to enjoy everything the Games have to offer. He wants to visit the Louvre Museum and a winery.

- Being recognized as an Olympic athlete is something that no one can take away from us.

And no one can take away the pride of someone who has triumphed in life.

Surmonter les adversités est une obligation pour les athlètes de haut niveau. Mais pour Isaac Souza, c'est une obligation de vie.

Né à Rio de Janeiro en 1999, il a grandi dans une maison modeste au pied de la favela de Mangueira. Vivre avec la violence faisait malheureusement partie de la routine. L'absence de perspectives était une option. Mais le destin a décidé que l'avenir d'Isaac serait le sport.

Il a commencé par la capoeira, montrant de l'élasticité et de la grâce dans les pirouettes faites chez lui et dans les rues de son quartier. Un jour, sa mère Elizelba a vu un prospectus pour une sélection de gymnastique artistique à l'Université d'État de Rio. Elle l'a inscrit et l'a obligé à y aller. À 7 ans, il a été sélectionné et quelques mois plus tard, il s'entraînait déjà au Flamengo. Il est resté dans cette discipline jusqu'à ses 12 ans, quand il a décidé de se lancer dans les plongeons, malgré l'opposition de ses parents. Ce fut le coup de foudre pour le garçon. Ainsi commençait la carrière de l'un des espoirs du Brésil.

" J'ai quitté la favela de Mangueira, où beaucoup de jeunes n'ont pas d'opportunités. Dieu m'a béni. Aujourd'hui, quand je me promène là-bas, les gens disent "c'est Isaac, il vient d'ici et a réussi", ils sont heureux de voir que j'ai grandi "- se souvient-il.

Il a grandi et réussi. Des médailles dans des tournois nationaux et internationaux, de longs entraînements en Chine, la mecque de la discipline. Il a fait ses débuts olympiques à Tokyo en 2021. En raison de la pandémie, il y avait de nombreuses restrictions pour les athlètes et pas de public. À Paris, il compte profiter de tout ce que les Jeux offrent. Il veut visiter le Musée du Louvre et un vignoble.

Être reconnu comme athlète olympique est quelque chose que personne ne peut nous enlever.

Et personne ne peut lui enlever la fierté d'avoir réussi dans la vie.

ISABELA ABREU

MODERN PENTATHLON
PENTATHLON MODERNE

PENTATLO MODERNO

Natação, atletismo, tiro esportivo, esgrima e hipismo são esportes olímpicos. Quem vai para as Olimpíadas de Paris para atuar em todos eles pode ser chamado de superatleta? Com a palavra, a curitibana Isabela Abreu, a representante do Brasil no pentatlo moderno.

A modalidade reúne outras muito distintas entre si e, por definição, exige que seus participantes sejam atletas completos. E é isso que Isa procura desde os 13 anos, quando descobriu o pentatlo. Ela era então uma pré-adolescente agitada, que não ficava parada, como ela própria relata. Fazia basquete, vôlei e corrida, até ser apresentada ao pentatlo e suas cinco modalidades. Paixão à primeira vista. Nos Jogos Olímpicos de Londres, em 2012, o Brasil ganhou sua primeira e única medalha no pentatlo, com Yane Marques – o exemplo a ser seguido por Isa a partir daí.

A primeira tentativa de realizar o sonho olímpico aconteceu no ciclo para Tóquio. Mas Isa não conseguiu a vaga e a frustração foi grande. Choro no colo e nos ombros dos pais e dos treinadores, dúvidas sobre o futuro. Chegou a estudar engenharia elétrica no Paraná, mas resolveu focar novamente no pentatlo. Conheceu a ioga e encontrou nessa prática uma forma de conectar corpo e alma para visualizar o principal objetivo. Assim, em outubro de 2023, durante o Pan-Americano de Santiago, no Chile, a tão esperada classificação para Paris ficou garantida.

– Um sonho. Não tem palavra que melhor defina as Olimpíadas para qualquer atleta. Uma conquista, uma realização pessoal – afirma.

Como a edição de Paris pode ser a última com o pentatlo disputado nos moldes conhecidos atualmente, Isa quer uma estreia/possível despedida em grande estilo.

Swimming, athletics, shooting, fencing, and equestrian are Olympic sports. Can someone who competes in all of them at the Paris Olympics be called a super athlete? Enter Isabela Abreu, Brazil's representative in the modern pentathlon.

The sport combines very different disciplines, requiring its participants to be well-rounded athletes. This has been Isabela's pursuit since she discovered pentathlon at age 13.

An energetic pre-teen, as she describes herself, who couldn't stay still. She played basketball, volleyball, and ran, until she was introduced to the pentathlon and its five events. It was love at first sight. In the 2012 London Olympics, Brazil won its first and only pentathlon medal with Yane Marques. For Isabela, she became the example to follow.

Her first attempt to achieve the Olympic dream was during the cycle for Tokyo. The disappointment of not qualifying was immense for Isabela. She cried in the arms of her parents and coaches and had doubts about her future. She even started studying electrical engineering in Paraná but decided to refocus on pentathlon. She discovered yoga and found a way to connect body and soul to visualize her main goal. In October 2023, during the Pan American Games in Santiago, Chile, she finally secured her long-awaited qualification for Paris.

- A dream. There is no better word to define the Olympics for any athlete. An achievement, a personal realization - she says.

Since the Paris edition may be the last with the pentathlon in its current format, Isabela aims to make her debut/possible farewell in grand style.

Natation, athlétisme, tir, escrime et équitation sont des sports olympiques. Qui va à Paris pour tous les pratiquer peut être appelé super-athlète ? Demandez à Isabela Abreu, la représentante brésilienne du pentathlon moderne.

Cette discipline combine cinq sports très différents, exigeant des athlètes complets. C'est ce que la curitibana Isa recherche depuis ses 13 ans, lorsqu'elle a découvert le pentathlon.

Une pré-adolescente dynamique, comme elle se définit, qui ne tenait pas en place. Elle faisait du basket, du volley et de la course à pied, jusqu'à ce qu'elle découvre le pentathlon et ses cinq épreuves. Un coup de foudre. Aux Jeux de Londres en 2012, le Brésil a remporté sa première et unique médaille en pentathlon avec Yane Marques. Pour Isa, un exemple à suivre.

La première tentative de réaliser son rêve olympique a eu lieu lors des Jeux de Tokyo. La frustration de ne pas se qualifier a été grande. Des larmes et des doutes sur l'avenir. Elle a étudié l'ingénierie électrique au Paraná, mais a décidé de se concentrer à nouveau sur le pentathlon. Elle a découvert le yoga pour connecter corps et esprit et visualiser son objectif principal. En octobre 2023, lors des Panaméricains de Santiago, elle a enfin obtenu sa qualification pour Paris.

- Un rêve. Aucun mot ne définit mieux les Jeux Olympiques pour un athlète. Une conquête, une réalisation personnelle - dit-elle.

Comme Paris pourrait être la dernière édition avec le pentathlon tel qu'on le connaît, Isa veut faire ses débuts (et peut-être ses adieux) en beauté.

Prestige

HORSERY
uvex

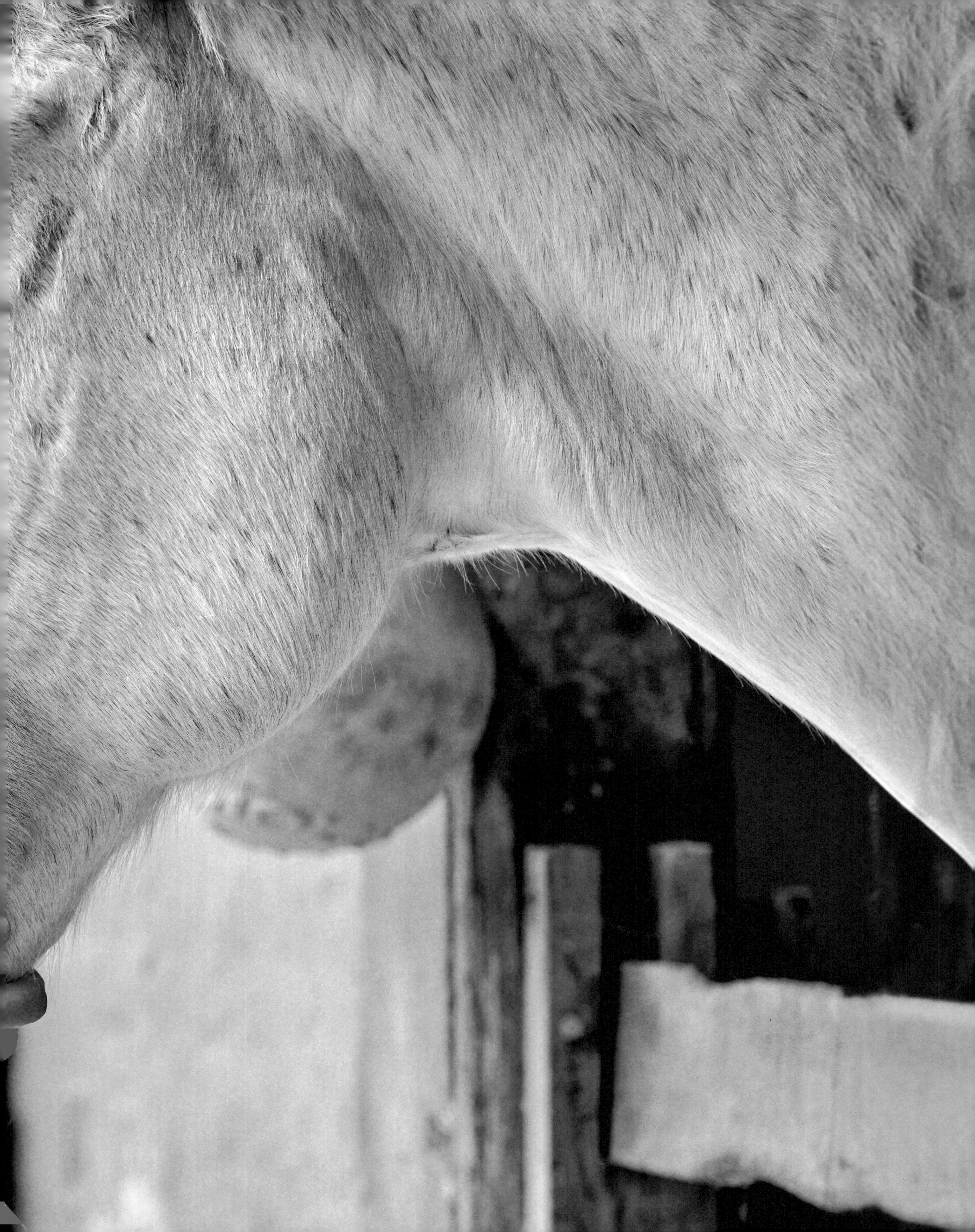

PBT
allstar
FIE

BRASIL

GABRIELLE RONCATTO

Imagine a situação. Aos 17 anos, após mais de dez de treinamento na natação, você está prestes a disputar, dias depois, a seletiva para tentar uma vaga nos Jogos Olímpicos e representar o Brasil. Durante um banho, o vidro do box explode. Desmaio, ninguém mais em casa. Você acorda com o cachorro lambendo seu rosto e se depara com cortes profundos na coxa e nos braços. Desespero, choro, ligação para o treinador. Ao chegar ao médico, ele sugere o óbvio: dar pontos, para evitar cicatrizes "horríveis". E, assim, não competir na seletiva e dar adeus ao sonho olímpico. O que você faria?

A paulistana Gabrielle Roncatto preferiu acreditar no seu sonho. Não aceitou a sutura para poder, na semana seguinte, entrar na piscina. Com os ferimentos bem longe da cicatrização ideal, ela nadou, superou as dores e se classificou para os Jogos do Rio. O choro de desespero no chuveiro se transformou em lágrimas de alegria.

Agora, Gabi, como é chamada, vai para outras Olimpíadas – mais experiente, com mais conquistas na carreira, com melhores marcas em suas provas, mas não menos resiliente do que aquela Gabi de 2016. Começou a nadar na cidade paulista de Santos influenciada pelo irmão, Matheus, alguns anos mais velho. Sempre chamou a atenção dos treinadores por sua dedicação e determinação, por seu foco e empenho – era comum deixar de sair com as amigas por conta dos treinos. Aventurou-se em todos os estilos de nado e em diversas distâncias de provas.

Em alguns momentos, chegou a duvidar de que seria uma atleta olímpica. Mas quem estava perto mostrou a ela que desistir não era uma opção. E nunca foi mesmo! Se a natação feminina vive seus melhores dias em muito tempo neste ciclo Paris 2024, muito se deve ao esforço de Gabi Roncatto.

Imagine the situation. At 17 years old, after more than 10 years of swimming training, you are about to compete in the trials to secure a spot to represent Brazil in the Summer Olympics. During a shower, the glass door shatters. You faint, and no one else is home. You wake up with your dog licking your face and find deep cuts on your thigh and arms. Panic, tears, a call to your coach. Upon seeing a doctor, he suggests the obvious: getting stitches to avoid "horrible" scars, which would mean not competing in the trials and saying goodbye to your Olympic dream. What would you do?

Gabrielle Roncatto chose to believe in her dream. She did not accept the stitches and got into the pool the following week. With her wounds far from ideally healed, she swam, overcame the pain, and qualified for the Rio Games. The desperate tears in the shower turned into tears of joy.

Now, Gabi, as she is called, is heading to another Summer Olympics. More experienced, with more career achievements and better times in her events, but no less resilient than the Gabi of 2016. She started swimming in Santos, influenced by her older brother Matheus. She always caught the coaches' attention for her dedication, focus, determination, and hard work. It was common for her to skip outings with friends because of training. Gabi ventured into all swimming styles and various race distances. At times, she doubted whether she would become an Olympic athlete. But those around her showed her that giving up was not an option. And it never was! If women's swimming is experiencing the best days in a long time in this 2024 cycle, much is due to the efforts of Gabi Roncatto.

Imaginez la situation. À 17 ans, après plus de 10 ans d'entraînement en natation, vous vous apprêtez à disputer les qualifications pour une place aux Jeux Olympiques et représenter le Brésil. Pendant une douche, la vitre de la cabine explose. Vous perdez connaissance, seul à la maison. Vous vous réveillez avec le chien qui vous lèche le visage et découvrez des coupures profondes sur la cuisse et les bras. Désespoir, pleurs, appel à l'entraîneur. En arrivant chez le médecin, il suggère des points de suture pour éviter de "horribles" cicatrices. Cela signifierait de ne pas participer aux qualifications et dire adieu au rêve olympique. Que feriez-vous ?

Gabrielle Roncatto a choisi de croire en son rêve. Elle a refusé les points de suture pour pouvoir entrer dans la piscine la semaine suivante. Malgré des blessures loin d'être cicatrisées, elle a nagé, surmonté la douleur et s'est qualifiée pour les Jeux de Rio. Les larmes de désespoir sous la douche sont devenues des larmes de joie.

Aujourd'hui, Gabi, comme elle est appelée, se prépare pour une autre Olympiade. Plus expérimentée, avec plus de succès dans sa carrière et de meilleures performances, mais toujours aussi résiliente que la Gabi de 2016. Elle a commencé à nager à Santos, influencée par son frère Matheus, un peu plus âgé. Elle a toujours attiré l'attention des entraîneurs par sa dévotion, sa concentration, sa détermination et son engagement. Il était courant pour elle de renoncer à sortir avec des amies à cause des entraînements. Gabi a exploré tous les styles de nage et différentes distances. À certains moments, elle a douté de devenir une athlète olympique. Mais ceux qui étaient proches d'elle lui ont montré que l'abandon n'était pas une option. Et ce ne l'a jamais été ! Si la natation féminine connaît ses meilleurs jours dans cette période Paris-2024, c'est en grande partie grâce aux efforts de Gabi Roncatto.

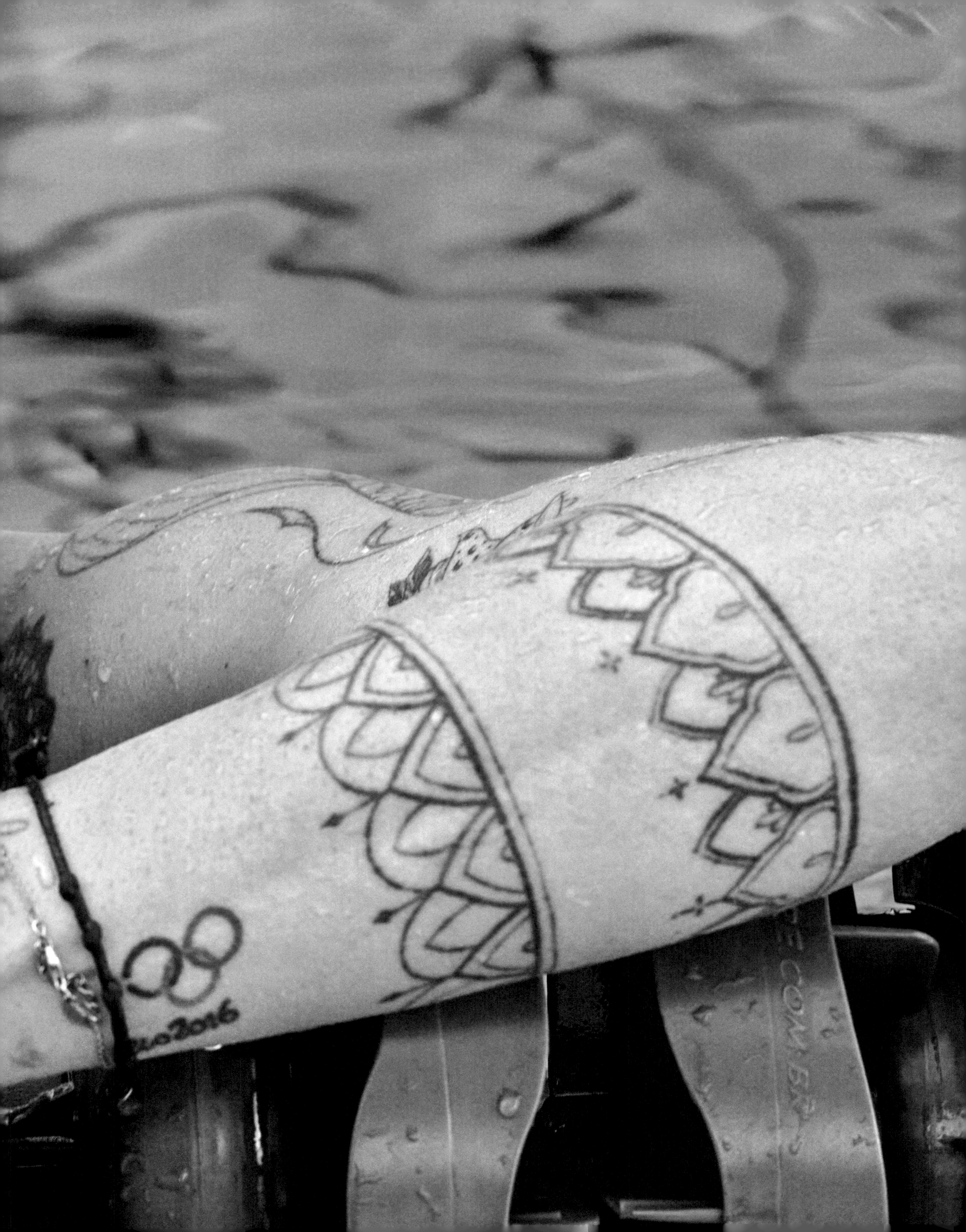

SPEEDO
BRASIL
speedo

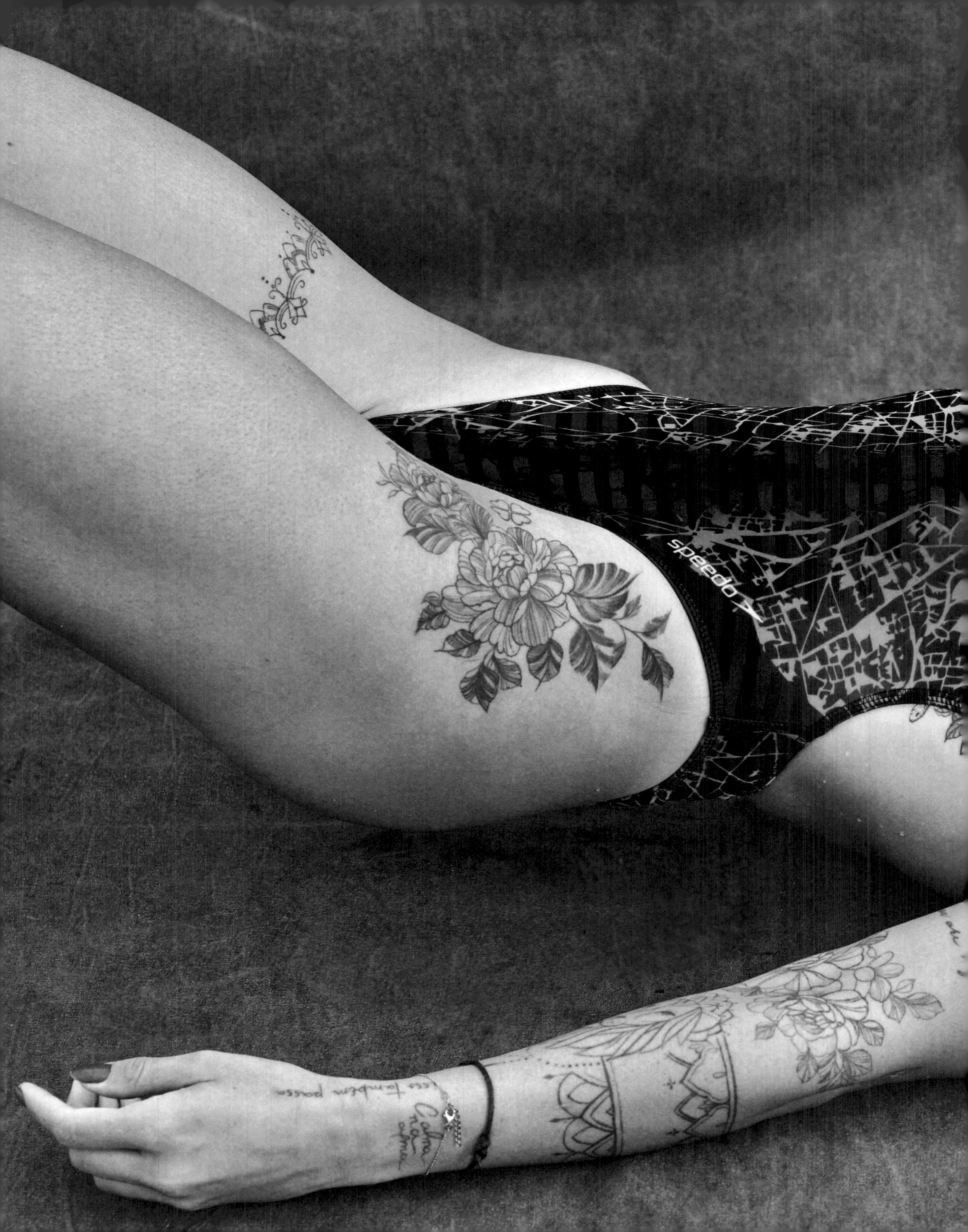
speedo

BRASIL

SPEEDO
BRASIL

speedo

BRASIL

BRASIL

CBC
CICLISMO BRASIL
BRASIL
FREE FORCE
BRASIL

TOTA MAGALHÃES

ROAD CYCLING
CYCLISME SUR ROUTE

CICLISMO DE ESTRADA

A família é de ciclistas. Mas, na adolescência, Ana Vitória Magalhães, a Tota, gostava mesmo era de jogar futebol. Um dia, aos 15 anos, resolveu aceitar os apelos familiares, no Rio de Janeiro, e foi pedalar como forma de lazer. Era comum um grupo seguir até o Cristo Redentor, um dos pontos turísticos da Cidade Maravilhosa, e ela foi junto.

O empurrão final para colocar o ciclismo como profissão aconteceu depois de conhecer um campeão do vôlei. Com 18 anos de idade, ela participou de uma prova, em Minas Gerais, que contava com a participação de Bernardinho, treinador de vôlei, duas vezes medalhista de ouro nos Jogos Olímpicos, fã e praticante do ciclismo de estrada. Ao fim do evento, eles bateram um papo. E alguns minutos foram suficientes para Tota sair da conversa motivada e decidida a seguir a profissão. E mais: com o sonho de se sagrar campeã olímpica em um esporte sem tanta tradição no Brasil.

A primeira barreira foi iniciar o projeto durante a pandemia. O quarto virou academia. Quando a covid-19 começou a ficar mais controlada mundialmente, Tota se mudou para a Europa, grande polo da modalidade. E não parou mais de crescer. Foi eleita a melhor do Brasil em 2022 e 2023, depois de vitórias e bons resultados em provas nacionais e internacionais. Em Paris, ela estreia em Jogos Olímpicos, enquanto Bernardinho vai para a décima participação, somando as atuações como atleta e treinador. Uma inspiração para a jovem:

– Bernardinho é o meu ídolo olímpico, não apenas por toda a nossa conexão, mas também pelo profissional que ele é dentro e fora de quadra – elogia Tota. – Ele já me ensinou muito e foi um grande motivador para eu estar no ciclismo de estrada seguindo a carreira profissional.

The family are cyclists. But during her teenage years, Ana Vitória Magalhães, known as Tota, preferred playing soccer. One day, at 15 years old, she decided to heed her family's appeals in Rio de Janeiro and went cycling for leisure. It was common for a group to ride to Christ the Redeemer, one of the city's tourist attractions.

The final push to make cycling her profession came after a conversation with a volleyball champion. At 18, she participated in a race in Minas Gerais that included Bernardinho, a volleyball coach, two-time Olympic gold medalist, and a fan and practitioner of road cycling. After the event, they talked. A few minutes were enough for Tota to leave determined and motivated to pursue cycling as a career, with the dream of becoming an Olympic champion in a sport not so traditional in Brazil.

The first hurdle was starting the project during the pandemic. Her bedroom turned into a gym. When COVID-19 began to be more controlled worldwide, Tota moved to Europe, a major hub for the sport. She kept progressing, being named the best in Brazil in 2022 and 2023 after victories and good results in national and international races. In Paris, Tota will make her Olympic debut, while Bernardinho will mark his tenth participation, combining his roles as an athlete and coach. He is an inspiration for the young cyclist:

- Bernardinho is my Olympic idol, not just because of our connection, but also because of the professional he is on and off the court. He has taught me a lot and was a great motivator for me to be in road cycling and pursue a professional career - said Tota.

La famille est composée de cyclistes. Mais, à l'adolescence, Ana Vitória Magalhães, surnommée Tota, préférait jouer au football. Un jour, à l'âge de 15 ans, elle décida d'accepter les appels de sa famille, à Rio de Janeiro, et commença à pédaler pour le plaisir. Il était courant qu'un groupe se rende jusqu'au Christ Rédempteur, l'un des points touristiques de la Cidade Maravilhosa.

L'impulsion finale pour faire du cyclisme sa profession est venue après une conversation avec un champion de volley-ball. À 18 ans, elle participa à une course, à Minas Gerais, où était présent Bernardinho, entraîneur de volley-ball, double médaillé d'or aux Jeux Olympiques, amateur et pratiquant de cyclisme sur route. À la fin de l'événement, ils discutèrent. Quelques minutes suffirent pour que Tota sorte décidée, motivée à poursuivre cette profession et plus encore : avec le rêve de devenir championne olympique dans un sport sans grande tradition au Brésil.

La première barrière fut de commencer ce projet pendant la pandémie. Sa chambre se transforma en salle de sport. Lorsque la situation liée au covid commença à se stabiliser mondialement, Tota déménagea en Europe, grand centre de la discipline. Et elle n'a cessé de progresser. Elle a été élue meilleure cycliste du Brésil en 2022 et 2023, après des victoires et de bons résultats dans des compétitions nationales et internationales. À Paris, Tota fait ses débuts aux Jeux Olympiques, tandis que Bernardinho participe pour la dixième fois, en tant qu'athlète et entraîneur. Une inspiration pour la jeune athlète :

- Bernardinho est mon idole olympique, non seulement pour toute notre connexion, mais aussi pour le professionnel qu'il est sur et en dehors du terrain. Il m'a déjà beaucoup appris et a été un grand motivateur pour moi dans ma carrière de cycliste sur route - a déclaré Tota.

GUSTAVO MALHEIROS

NCA
CBC
rdc

CBC

FREE FORCE
OFFICINE MATTIO

BRASIL
PRODOTTO IN ITALIA

CBC
BRASIL
BRASIL
imatra
OFFICINE MATTIO
RT
CBC

BRASIL
BRASIL

in imatra

BRASIL
MATTIO

ORDEM E PROGRESSO
BRASIL
FREE FORCE

GIULLIA PENAULBER

WRESTLING
LUTTE

LUTA LIVRE

Imagine competir aos pés da Torre Eiffel, um dos pontos turísticos mais visitados do planeta? Poucos mortais terão essa oportunidade na vida, mas a carioca Giullia Penalber incluirá em seu currículo esse feito. Representante do Brasil nos Jogos de Paris no wrestling, ou luta livre, em tradução literal, Giullia sabe do destaque que a modalidade terá no evento com a escolha de um local de competição tão inusitado quanto famoso:

– Achei superinteressante a proposta de realizar as competições ao lado de pontos turísticos icônicos. E, coincidentemente, o wrestling será sediado no ponto turístico que é a maior referência de Paris para mim. E da que mais gosto também: a Torre Eiffel.

O sonho olímpico de Giullia começou no judô, ao lado do irmão, Victor. Ambos foram influenciados pelos pais e começaram ainda bem crianças a se desenvolver no tatame. E tiveram sucesso, com ele ganhando medalhas em Mundiais e ela em Pan-Americanos. Para Giullia, porém, o desânimo com o judô foi aumentando depois de seguidas mudanças de regras. Já tendo passado dos 20 anos, arriscou: decidiu lutar wrestling como hobby. Gostou, dedicou-se, evoluiu e foi convocada para a Seleção em pouco tempo.

A partir daí, a brincadeira passou a ter como objetivo a disputa em uma Olimpíada. No ciclo para Tóquio, ela apresentou bons resultados, mas a classificação bateu na trave, ao ficar em terceiro numa competição com vaga para as duas primeiras posições. Em Paris, ela repetirá a façanha do irmão, judoca olímpico na Rio 2016.

– Meu maior herói olímpico, sem dúvida, é o Victor. Disputar os Jogos é a concretização do sonho pelo qual trabalhei durante toda a minha carreira.

Imagine competing at the foot of the Eiffel Tower, one of the most visited tourist spots on the planet? Brazilian Giullia Penalber will be able to add to her resume a feat that few mortals have the opportunity to achieve in their lifetime.

Representing the country at the Paris Games in wrestling, Giullia understands the level of exposure the sport will gain by choosing such an unusual and famous competition venue:

- I found the idea of holding the competitions next to various iconic tourist spots super interesting, and coincidentally, wrestling will be held at the tourist spot that is the biggest reference of Paris for me. And it's also the one I like the most: the Eiffel Tower.

Giullia's Olympic dream started with judo. She, along with her brother Victor, were influenced by their parents and began practicing the sport as young children in Rio de Janeiro. Both found success, with Victor winning medals in World Championships and Giullia in Pan American Games. However, for Giullia, the changes in judo rules over time led to growing disinterest. Having passed the age of 20, she took a chance and started wrestling as a hobby. She liked it, dedicated herself to it, improved, and was soon called up to the national team. From then on, what started as a hobby became serious, with the goal of competing in the Olympics. In the cycle for Tokyo, she achieved good results but narrowly missed qualification, finishing third in a competition where the top two qualified. In Paris, she will match the feat of her brother, who was an Olympic judoka at Rio 2016.

- My biggest Olympic hero, without a doubt, is my brother, Victor. Competing in the Games is the realization of the dream I've worked for throughout my career.

Imaginez-vous en train de concourir aux pieds de la Tour Eiffel, l'un des sites touristiques les plus visités de la planète. La Brésilienne Giullia Penalber ajoutera à son curriculum un exploit que peu de mortels auront l'occasion de réaliser.

Représentante du pays aux Jeux de Paris en lutte libre, ou wrestling dans sa traduction littérale, Giullia est consciente de l'importance de la visibilité que la discipline aura avec le choix d'un lieu de compétition aussi inhabituel que célèbre :

- J'ai trouvé la proposition de réaliser les compétitions à côté de divers points touristiques emblématiques super intéressante, et par coïncidence, le wrestling sera aménagé au point touristique qui est la plus grande référence de Paris pour moi. Et que j'aime le plus aussi : la Tour Eiffel.

Le rêve olympique de Giullia a commencé avec le judo. Elle, aux côtés de son frère Victor, a été influencée par leurs parents et a commencé très jeune à pratiquer cette discipline à Rio de Janeiro. Et tous deux ont eu du succès, lui gagnant des médailles aux Championnats du monde et elle aux Panaméricains. Pour Giullia, cependant, le découragement envers le judo a augmenté après des changements de règles successifs. Ayant déjà dépassé la vingtaine, elle a pris un risque. Et elle s'est mise à la lutte comme un hobby. Elle a aimé, s'est dévouée, a progressé et a été convoquée par l'équipe nationale en peu de temps. À partir de là, le jeu est devenu plus sérieux, avec pour objectif de participer aux Jeux olympiques. Pour la période de Tokyo, elle a eu de bons résultats, mais la qualification lui a échappé de peu, en terminant troisième dans une compétition où les deux premières avaient une place. À Paris, elle répétera l'exploit de son frère, judoka olympique à Rio-2016.

- Mon plus grand héros olympique, sans aucun doute, est mon frère Victor. Disputer les Jeux est la concrétisation du rêve pour lequel j'ai travaillé toute ma carrière.

GUSTAVO MALHEIROS

PRO

BÁRBARA SEIXAS
CAROL SOLBERG

BEACH VOLLEYBALL
VOLLEY-BALL DE PLAGE

VÔLEI DE PRAIA

As trajetórias pessoais e profissionais de Bárbara Seixas e Carol Solberg sempre se cruzaram. As duas nasceram no Rio de Janeiro quase no mesmo dia, em 1987. Bárbara, em 3 de agosto, três dias antes de Carol. Escolheram o caminho do esporte e foram se encontrando pelas quadras, fosse no Flamengo, onde jogaram vôlei, fosse nas areias da orla carioca, a partir de competições de base do vôlei de praia.

Mas o destino quis que elas juntassem forças apenas em 2021, ambas com a carreira consolidada, a partir de um convite de Carol. Depois de muitos confrontos em competições nacionais e internacionais, elas atualmente formam uma das melhores duplas do mundo.

Em Paris, Bárbara vai em busca da sua segunda medalha olímpica, depois da prata de 2016, ao lado de Ágatha. Carol, por sua vez, faz a sua estreia na maior competição do planeta perpetuando a história vitoriosa da família: a mãe, Isabel, foi uma das maiores jogadoras de vôlei do Brasil, um ícone do esporte nacional, enquanto o irmão, Pedro, outro a escolher o vôlei de praia como profissão, jogou na edição olímpica de 2016.

Outra coincidência entre Bárbara e Carol é a altura: 1,78m. Não sendo as mais altas do Circuito Mundial, elas aliam outras características como diferenciais, por exemplo, versatilidade e agilidade. São conhecidas ainda pela qualidade na recepção, algo que dificulta as rivais na definição de quem receberá o saque. Com o vôlei de praia no DNA, em um esporte com a marca registrada brasileira, Bárbara Seixas e Carol Solberg sonham comemorar o aniversário de 37 anos, com alguns dias de atraso, no dia 9 de agosto, aos pés da Torre Eiffel, com uma medalha pendurada ao pescoço.

The personal and professional paths of Bárbara Seixas and Carol Solberg have always intersected. Both were born in Rio de Janeiro almost on the same day in 1987 – Bárbara on August 3rd, three days before Carol. They chose the path of sports and met each other on the courts, whether at Flamengo, where they played volleyball, or on the sands of Rio's coastline in beach volleyball competitions.

However, it was not until 2021 that fate brought them together as a team, both with established careers, following an invitation from Carol. After many encounters in national and international competitions, they now form one of the best duos in the world. In Paris, Bárbara Seixas seeks her second Olympic medal, after winning silver in 2016 with Ágatha. Carol, on the other hand, will make her debut in the world's biggest competition, continuing her family's victorious legacy: her mother Isabel was one of Brazil's greatest volleyball players, an icon of the national sport, while her brother Pedro, who also chose beach volleyball as his profession, played in the 2016 Summer Olympics.

Another coincidence between Bárbara and Carol is their height: 1.78 m. Despite not ranking among the tallest on the World Circuit, they leverage other attributes, such as versatility and agility, as their unique traits. They are also known for their reception quality, which makes it difficult for opponents to decide who to serve to. With beach volleyball in their DNA, a sport that is a Brazilian trademark, Bárbara Seixas and Carol Solberg dream of celebrating their 37th birthday, a few days late, on August 9th, at the foot of the Eiffel Tower, with a medal hanging around their necks.

Les parcours personnels et professionnels de Bárbara Seixas et Carol Solberg se sont toujours croisés. Nées à Rio de Janeiro à quelques jours d'intervalle en 1987, Bárbara le 3 août et Carol trois jours plus tard, elles ont choisi le sport et se sont rencontrées sur les terrains, que ce soit au Flamengo, où elles ont joué au volley-ball, ou sur les plages de Rio, dans des compétitions de volley-ball de plage de base.

Cependant, c'est en 2021, après avoir établi leurs carrières respectives, qu'elles ont décidé de s'associer à l'initiative de Carol. Après de nombreux affrontements dans des compétitions nationales et internationales, elles forment aujourd'hui l'une des meilleures paires du monde. À Paris, Bárbara Seixas cherchera à obtenir sa deuxième médaille olympique, après l'argent en 2016 avec Ágatha. Carol, quant à elle, fera ses débuts aux Jeux Olympiques, poursuivant l'histoire victorieuse de sa famille : sa mère Isabel a été l'une des plus grandes joueuses de volley du Brésil, une icône du sport national, tandis que son frère Pedro, également joueur de volley-ball de plage, a participé aux Jeux Olympiques de 2016.

Une autre coïncidence entre Bárbara et Carol est leur taille : 1,78m. Ne faisant pas partie des plus grandes du Circuit Mondial, elles compensent par leur polyvalence et leur agilité. Elles sont également connues pour leur qualité de réception, ce qui complique la tâche des adversaires pour décider à qui servir. Avec le volley-ball de plage dans leur ADN, dans un sport où le Brésil excelle, Bárbara Seixas et Carol Solberg rêvent de célébrer leur 37e anniversaire, avec quelques jours de retard, le 9 août, au pied de la Tour Eiffel, avec une médaille autour du cou.

G20
11

MIKASA
FIVB
OFFICIAL GAME BALL

ACH PRO
KASA

Coordenação Editorial
Editorial Cordination
Coordination Éditoriale
Gustavo Malheiros
Silvana Monteiro de Carvalho
Paula Paixão

Fotografias
Photographs
Photographies
Gustavo Malheiros

Texto de Introdução
Introduction Text
Texte d'Introduction
Gustavo Malheiros

Textos
Texts
Textes
Daniel Bortoletto

Projeto Gráfico / Design
Graphic Design / Design
Projet Graphique / Design
Felipe Luchi

Assistente de Design
Design Assistant
Assistante de Design
Maria Fernanda Correia Martins

Tratamento de Imagens
Image treatment
Traitement des Images
Alexandre Aguiar

Revisão
Revision
Révision
Kathia Ferreira

Revisão Inglês
English Revision
Révision Anglaise
MV Translations

Revisão Francês
French Revision
Révision Française
Yann Bihare

Produtora
Producer
Productrice
Gabi Lima

Assistentes de Fotografia
Photo Assistants
Assistants Photographiques
Bianca Santos
Guilherme Cândido

Arte Ensaio editora LTDA©, 2019
Tel/FAX: (21) 2259-8282 / (11) 2307-8777
arteensaio.com.br
arteensaio@arteensaio.com.br

AGRADECIMENTOS

ACKNOWLEDGEMENTS

REMERCIEMENTS

Alice Gomes, Bia Ferreira, Barbara Seixas e Carol Solberg, Gabriela Roncatto, Gabriel Medina, Giulia Penalber, Guilherme Costa, Guilherme Schmidt, Ingrid Oliveira, Isaac Souza, Isabela Abreu, Jade Barbosa, Lucas Verthein, Maria Clara Pacheco, Pepe Gonçalves, Rayssa Leal, Tota Magalhães, Ygor Coelho. Ginastica Rítmica Brasil (Bárbara Galvão, Débora Barbosa, Gabriella Castilho, Giovanna Silva, Maria Eduarda Arakaki, Maria Fernanda Moraes, Mariana Gonçalves, Nicole Duarte, Sofia Pereira. Time Rugby Brasil(Aline Furtado, Bianca Silva, Chalia Costa, Luiza Campos, Mariana Da Silva, Marina Costa), à todas as federações e técnicos de cada atleta.

Centro Aquático Maria Lenk, Comitê Olímpico Brasileiro, Parque Radical de Deodoro, Centro Esportivo Santo Amaro, CT Nacional de Treinamento de Ginástica Rítmica, Botafogo de Futebol e Regatas - Remo, Minas Tênis Clube, Locais Treino Pentatlo. Centro Esportivo recreativo Vila São José, Miratus Centro de Treinamento de Badminton. La Carioca Cevicheria, Praia da Grama.

Luciana Berardo, Felipe Luchi, Felipe Stanford, Fernando Young, Valter França, Daniel Varsano, Mariana Grandini Penna, Amma - Alessandra Menga Marketing e Agenciamento, Dani Carvalho Schneider, Livia Mendonça, Joao Paulo de Castro, Dannielle Shasha, Bianca Cardoso , Gloria Andrade, Camila Ferezin, Fernanda Oliveira, Erich Onida, Alexandre Massi, Luiz Augusto Barros, João Pedro Gruppi, Tereza Horta, Manuela Gaião.

Silvana Monteiro de Carvalho, Paula Paixão, Maria Duprat, Gabi Lima, Guilherme Candido, Bianca Santos, Drielly Birth, Fernanda Mello, Maria Fernanda Martins e todos da Arte Ensaio Editora.

A Prefeitura do Rio, por meio da Secretaria Municipal de Cultura, cuida de um dos maiores patrimônios brasileiros: a cultura carioca.

São mais de 50 equipamentos espalhados por toda a cidade, entre teatros, arenas, museus, bibliotecas, salas de leitura e centros culturais. Uma das maiores redes municipais de equipamentos de cultura da América Latina.

Investimos mais de R$ 200 milhões por ano em cerca de 1.200 projetos pensados, produzidos e estrelados pela cena cultural carioca. São milhares de empregos gerados e um grande aporte financeiro para a cidade.

Criada em 2013, a Lei Municipal de Incentivo à Cultura da cidade do Rio de Janeiro (Lei do ISS) é o maior mecanismo de incentivo municipal do país em volume de recursos e busca estimular o encontro da produção cultural com a população. Acreditamos que a cultura é um vetor fundamental de desenvolvimento econômico e social e de protagonismo da diversidade, democracia e da nossa identidade.

Prefeitura do Rio
Secretaria Municipal de Cultura

RIO CAPITAL DO G20 BRASIL 2024 | Rio PREFEITURA | CULTURA

Dados Internacionais de Catalogação na Publicação (CIP)
(Câmara Brasileira do Livro, SP, Brasil)

Malheiros, Gustavo
Olímpicos / Gustavo Malheiros. -- 1. ed. --
Rio de Janeiro : Arte Ensaio, 2024.

ISBN 978-65-87141-32-9

1. Esportes 2. Fotografias 3. Jogos olímpicos
4. Jornalismo I. Título.

24-212068 CDD-796.48

Índices para catálogo sistemático:

1. Jogos olímpicos : Esportes 796.48

Aline Graziele Benitez - Bibliotecária - CRB-1/3129